JN040037

理論と実践でわかる!

SDGs/ESD

持続可能な社会を目指すユネスコスクールの取組

及川幸彦 編著
大牟田市SDGs・ESD推進委員会 著

明治図書

巻頭言

　我がまち大牟田は大正6（1917）年に市制を施行し，平成29（2017）年に100周年を迎えました。本市100年の歴史は，我が国の近代化と戦後復興をけん引した三池炭鉱とともに発展してまいりました。しかし，その三池炭鉱も，国のエネルギー政策の転換より合理化を余儀なくされ，ついに平成9（1997）年に閉山しました。

　このような中，三池炭鉱が残した近代化産業遺産である「宮原坑」「三池炭鉱専用鉄道敷跡」「三池港」は，平成27（2015）年に「明治日本の産業革命遺産　製鉄・製鋼，造船，石炭産業」の構成資産として，世界文化遺産に登録され，地域の宝が世界の宝になりました。多くの方々が本市を訪れ，世界文化遺産を見学され，日本の歴史・産業について学んでいただいています。また，学校での世界遺産を通した歴史や郷土学習等の充実に大きく寄与しているところです。

　さて，本市の公立の全小・中・特別支援学校が，平成24（2012）年に一斉にユネスコスクールに加盟して以来，教育委員会・学校・関係機関・諸団体が連携を図りながら，市をあげてＥＳＤ（持続可能な開発のための教育）を推進しております。さらに，「ＳＤＧｓ未来都市」として，本市の課題を踏まえてＳＤＧｓ（持続可能な開発目標）にも取り組んでおります。

　私は，市長として「若者が夢をもって働くまちづくり」「子育て世代に魅力的なまちづくり」「安心して元気に暮らせるまちづくり」これらの3つのまちづくりに取り組んでいます。

　その実現に向けて，子供たちが自分の夢や目標に向かって意欲的に学び，持続可能な社会の創り手となるように教育が充実しているまちを目指し，また，各学校が多様な教育活動を展開することができるよう，学校教育環境を充実させているところです。

　次代を担う子供たちが，様々な体験を通じて豊かな人間性や感性を育んでいくことが，大牟田の次の100年を創っていく礎になるものと信じています。

　本書は，ＥＳＤやＳＤＧｓについての理論や，大牟田市教育委員会や各学校が，ユネスコスクールとしてＥＳＤを推進した10年間の取組や特徴的な学校の実践，市役所をはじめ関係諸団体と協働して取り組んだ内容を丁寧にまとめられています。本書が，これからの持続可能なまちづくりの展望を持っていただく糧として，さらに，学校現場においては，ＳＤＧｓ達成に向けたＥＳＤの取組の充実に向けた一助となり，新しい実践として活かされますことを願っております。

Preface　はじめに

東京大学大学院教育学研究科附属海洋教育センター主幹研究員　及川幸彦

　大牟田市が，本格的にＥＳＤに取り組んでから10年の歳月が流れようとしています。この間，教育委員会や学校関係者の不断の努力と，市当局や市民，関係機関の理解と協力に支えられ，大牟田のＥＳＤは着実に発展してきました。さらにＳＤＧｓとの出会いによって大きく飛躍し，今や日本のＳＤＧｓ／ＥＳＤを牽引する「リーディングシティ」となりました。

　この原動力は何かと言えば，「ふるさと大牟田への誇り」と「次世代を担う子供たちへ愛情」，そして「教育を通じて街を再生・変革しようという確固たる信念」があったからだと感じます。それはまさしく，大牟田の人々の「石炭の火が燃えるがごときの熱い思い」でした。

　「ローマは一日にして成らず」と言いますが，今日の大牟田のＳＤＧｓ／ＥＳＤも，決して短時間で成し得たものではありません。そこには，幾多の課題や困難を乗り越え，新たな世界へと進む勇気と確かな戦略がありました。ユネスコスクールの全校加盟，ＥＳＤ推進本部及び推進協議会設立，ＳＤＧｓ未来都市，そして国連大学地域拠点加盟など，未来を見据え，一歩一歩階段を登ってきたこの過程や挑戦こそが，大牟田が誇るべき財産であり，ＳＤＧｓ／ＥＳＤを推進しようとする他の自治体や教育関係者，市民に多くの示唆と力を与えるものです。

　この10年，この道程を共に歩み続けてきた者として，この書を通じて一人でも多くの方々に大牟田の挑戦を知っていただきたいと願うとともに，大牟田の持続発展にエールを贈ります。

大牟田市ＳＤＧｓ・ＥＳＤ推進委員会会長（大牟田市教育委員会教育長）　安田昌則

　平成24（2012）年に，大牟田市の公立の小学校・中学校・特別支援学校が一斉にユネスコスクールに加盟承認され，「ユネスコスクールのまち　おおむた」としてスタートしました。以来，学校はもちろんのこと市役所・企業・関係機関・諸団体などと連携を図りながらＳＤＧｓ／ＥＳＤを推進してきて10年を迎えました。この間，東京大学大学院教育学研究科附属海洋教育センター主幹研究員の及川幸彦先生には，毎年，何度も大牟田にお越しいただき，10年もの長きに渡り教育委員会・学校等に対して懇切丁寧なご指導をいただきました。及川幸彦先生のご指導により本市のＳＤＧｓ／ＥＳＤの取組が充実してきたものと心から感謝しています。

　本市がＳＤＧｓ／ＥＳＤに取り組んできて10年の節目に，これまで本市が取り組んできた実践内容を本にまとめる機会を得ることになりました。本市の取組が少しでも全国各地域での実践の参考になり，ＳＤＧｓ／ＥＳＤが推進されれば幸いです。

　本書を作成するにあたって，及川幸彦先生をはじめ市内各学校の校長先生方にお世話をおかけしましたことに感謝申し上げます。

Contents　目次

CHAPTER 1　理論編

SDGs／ESDとは
…及川幸彦

CHAPTER 2　環境づくり編

SDGs／ESDを推進するために

CHAPTER 3 実践編
学校におけるSDGs／ESDの授業事例

事例1〜4・7〜9

（1）本校のＥＳＤの特徴
（2）教材について
（3）本実践で目指すＳＤＧｓ
（4）単元の指導計画
（5）学習活動の実際（特徴的な活動）
（6）児童の変容／生徒の変容／児童生徒の変容
（7）さらなる実践の充実に向けて
　資料　ストーリーマップ／ＥＳＤの図

事例5

（1）5校が協働で取り組むＥＳＤの意義
（2）本実践で目指すＳＤＧｓ
（3）各学校の実践内容
（4）5校合同・川サミット
（5）さらなる実践の充実に向けて

事例6

（1）大牟田における海洋教育の意義
（2）4校が推進する大牟田市海洋教育の構造
（3）本実践で目指すＳＤＧｓ
（4）実践例Ⅰ　第3学年「有明海・見つけたよ　海の生き物！」
（5）学習活動の実際（特徴的な活動）
（6）実践例Ⅱ　第6学年「海と人とを通して見えた大牟田のまち」
（7）学習活動の実際（特徴的な活動）
（8）大牟田市海洋教育推進校4校における学びの交流
（9）児童の変容とさらなる実践の充実に向けて
　資料　海洋教育推進校の全体計画・年間計画

理論編

SDGs／ESDとは

1 世界の約束ＳＤＧｓ
―誰一人取り残さない社会をめざして

（1）誰一人取り残さない社会をめざして

❶持続可能性が試される時代

　20世紀後半から持続可能な社会の構築が叫ばれる中で，宗教や民族の対立に起因する絶えない戦争や紛争，気候変動や生物多様性の喪失，海洋問題など顕在化する環境問題，それに伴って苛烈化する台風や風水害，地震・津波，旱魃等の自然災害により我々は脅威にさらされている。他方では，グローバル化の進展と自国主義の台頭により難民や外国人労働者問題が噴出し，また，一部の富裕層が世界の大部分の富を掌握するという経済的な格差が拡大している。さらには，AIやロボット等の科学技術の進歩により社会構造が大きく変革（Society 5.0）する一方で，急激に進む少子高齢化により人口減少や労働力の不足が加速し，中でも衰退する地方の中には消滅の危機に瀕している地域もある。このように，現在の世界は，環境，経済，社会の３つの側面が複雑に絡み合い，まさしく「持続不可能な状況」として，地球規模で，そして地域レベルで様々な課題が噴出している。今ほど，社会の「持続可能性（Sustainability）」が試される時代はなかったと言っても過言ではない。

　さらには，2020年から急激に世界中に感染が拡大した新型コロナウイルス（COVID-19）のパンデミックにより従来の社会システムやライフスタイルが一変しただけではなく，上記の諸課題がより顕在化するとともに，その解決への道のりがますます不透明化することとなった。

　今こそ，我々一人一人がグローカルな視点で「持続可能な社会の創造」をめざした行動をとることが求められている。

❷持続可能な開発目標（ＳＤＧｓ）の登場

　このような危機的な社会状況を踏まえて，誰一人置き去りにしない持続の社会の構築をめざして，我々人類は「持続可能な開発目標（Sustainable Development Goals = SDGs）」を世界に約束した。持続可能な開発とは，「将来の世代がそのニーズを充足する能力を損なわずに，現世代のニーズを充足する開発」と定義されている[i]。この持続可能な開発（社会）を達成するためには，経済成長，社会的包摂，環境保護という３つの要素を調和させることが不可欠である。この点を踏まえ，2015年に開催された国連サミットにおいて，人間，地球及び繁栄のための行動計画として「我々の世界を変革する：持続可能な開発のための2030アジェンダ」が採択され，我々がめざすべき世界のビジョンを掲げた。その中で，持続可能な社会の実現に向け

た人類共通の目標として掲げられたのが「持続可能な開発目標（SDGs）」である。これは，「誰一人取り残さない」とのスローガンの下，2030年までに途上国のみならず先進国も含む世界全体が達成すべきグローバル目標として，17の目標と169のターゲットから構成されている（図1）。

図1　持続可能な開発目標（ＳＤＧｓ）
出典：国連広報センター

　SDGs は，2001年から2015年まで実施した「ミレニアム開発目標（Millennium Development Goals = MDGs）」の後継として採択された。MDGs がどちらかと言うと発展途上国向けの目標だったのに対し，SDGs は，先進国をも含む世界のすべての国を対象とした包括的な開発目標である。これは，時を追うごとに深刻化し地球的あるいは地域的なレベルで人類の生存を脅かす環境問題や経済，社会面での諸課題（Issue）の原因及び影響が，途上国のみならず先進国とも関わりが深く，したがって，持続不可能な社会の構築のために世界全体が協働して克服すべきものとの認識が共有されてきたことがその背景にある。これを受けて，SDGs は，MDGs を深堀する6つの目標（貧困，食料，健康と福祉，教育，ジェンダー平等，水とトイレ）に加え，先進国にも関わりの深い11の新たな目標（エネルギー，経済成長，産業と技術革新，不平等，まちづくり，持続可能な生産と消費，気候変動，海の豊かさ，陸の豊かさ，平和と公正，パートナーシップ）を掲げている（表1）。

　SDGs の特徴としては，ⅰ）SDGs はすべての国とすべての人による行動を必要とする「普遍的」なものであり，ⅱ）それぞれの目標は独立しているものではなく相互に関連しており，総合的に取り組むことが必要な「不可分」なものである。そして，ⅲ）アジェンダは，幅広く野心的であり，「誰一人置き去りにしてはならない」ことを強調している「変革的」なものであるという3点が挙げられる。

現在，日本においても SDGs に対する関心や認知度は日増しに高まってきており，政府や各地の自治体をはじめ，様々な企業，NPO や市民，そして教育関係や専門機関など多様な主体が SDGs を掲げ，それぞれのアプローチで持続可能な社会をめざして活動に取り組んでいる。

表1　持続可能な開発目標（ＳＤＧｓ）の一覧　＜国連広報センター資料より作成＞

ＳＤＧｓ	アイコン	スローガン	目　標
目標1		貧困をなくそう	あらゆる場所で，あらゆる形態の貧困に終止符を打つ
目標2		飢餓をゼロに	飢餓に終止符を打ち，食料の安定確保と栄養状態の改善を達成するとともに，持続可能な農業を推進する
目標3		すべての人に健康と福祉を	あらゆる年齢のすべての人々の健康的な生活を確保し，福祉を推進する
目標4		質の高い教育をみんなに	すべての人々に包摂的かつ公平で質の高い教育を提供し，生涯学習の機会を促進する
目標5		ジェンダー平等を実現しよう	ジェンダーの平等を達成し，すべての女性と女児のエンパワーメントを図る
目標6		安全な水とトイレを世界中に	すべての人々に水と衛生へのアクセスと持続可能な管理を確保する
目標7		エネルギーをみんなにそしてクリーンに	すべての人々に手ごろで信頼でき，持続可能かつ近代的なエネルギーへのアクセスを確保する
目標8		働きがいも経済成長も	すべての人々のための持続的，包摂的かつ持続可能な経済成長，生産的な完全雇用及びディーセント・ワークを推進する
目標9		産業と技術革新の基盤をつくろう	レジリエントなインフラを整備し，包摂的で持続可能な産業化を推進するとともに，イノベーションの拡大を図る
目標10		人や国の不平等をなくそう	国内および国家間の不平等を是正する
目標11		住み続けられるまちづくりを	都市と人間の居住地を包摂的，安全，レジリエントかつ持続可能にする
目標12		つくる責任つかう責任	持続可能な消費と生産のパターンを確保する
目標13		気候変動に具体的な対策を	気候変動とその影響に立ち向かうため，緊急対策を取る
目標14		海の豊かさを守ろう	海洋と海洋資源を持続可能な開発に向けて保全し，持続可能な形で利用する
目標15		陸の豊かさも守ろう	陸上生態系の保護，回復及び持続可能な利用の推進，森林の持続可能な管理，砂漠化への対処，土地劣化の阻止及び回復，ならびに生物多様性損失の阻止を図る
目標16		平和と公正をすべての人に	持続可能な開発に向けて平和で包摂的な社会を推進し，すべての人々に司法へのアクセスを提供するとともに，あらゆるレベルにおいて効果的で責任ある包摂的な制度を構築する
目標17		パートナーシップで目標を達成しよう	持続可能な開発に向けて実施手段を強化し，グローバル・パートナーシップを活性化する

（3）持続可能な開発目標（ＳＤＧｓ）の達成に向けた視点

❶グローカルな視点—Think Globally, Act Locally での取組

　持続可能な開発目標（SDGs）は，地球規模での環境，経済，社会の各側面の危機的な課題（Global Issues）からその必要性が指摘され，全世界で共有されて生まれたものであるが，それらの諸課題を構成するのは，各国であり各地域である。したがって，その解決に向けたSDGsを達成するためには，国を越えたグローバルな連帯とともに，各地域での地道な取組が不可欠である。そのためには，SDGsが掲げる多くの課題は，多様性や深刻さに違いはあるものの日本国内や各地域にも存在し，その解決のために地域に根差したそれぞれのアプローチでSDGsを達成することが，各国及び各地域，そして個人や団体に求められている。

　例えば，SDGsの目標1の貧困をとっても，それは海外の途上国にのみ存在するのではなく，「相対的な貧困」[ii]で見ると，2018年時点で日本の貧困率（厚生労働省発表[iii]）は15.7％で，これは，OCED加盟国の中でも高い方に位置し，先進国（G7）の中では，アメリカに次いで2番目に高い貧困率である[iv]。その中で「子どもの貧困率」は14.0％と7人に1人が貧困家庭で生活し，特に一人親世帯では48.3％にまで跳ね上がる。なんと2人に1人が貧困の状況に置かれているのである。したがって，貧困を海外の問題とだけ捉えるのではなく，日本及び各地域や学校が抱える課題と認識し，SDGsの目標1の「貧困をなくそう」という目標を自分たちの足元から取り組んでいかなければならない。

　また，目標5の「ジェンダー平等」に関しても，日本の「ジェンダー・ギャップ指数」[v]は，2019年の総合で153か国中121位であり，経済分野では115位，教育分野では91位，健康分野では40位であった。特にギャップが大きかったのは政治分野で，全体の144位，ワースト10に入り，世界最低の水準と評価された。女性が政治に参画しない限り，女性の権利や地位の向上もジェンダー平等も実現することはできない。我が国でも「男女共同参画社会」が叫ばれて久しいが，現状は，日本が未だにジェンダー平等には程遠い後進国であるということは，まぎれもない事実である。このような現実を踏まえ，日本においてSDGsの目標5「ジェンダー平等を実現しよう」は，喫緊かつ緊急の課題であり，早急に取り組むべきテーマである。

　さらに，目標16の「平和と公正」に関して述べれば，世界には，今なお戦争や紛争が絶えない国や地域があり，その中で多くの命が奪われ，現在も子供を含む多くの人々が暴力に脅かされている現実がある。しかしながら，目を国内に転じてみれば，日本も必ずしも平和で公正な社会や生活が保障されているとは言い難い。学校では児童生徒によるいじめの報告が年々増加傾向にあり，家庭においても身体的，精神的な虐待や暴力（DV）による悲劇の報道が後を絶たない。また，近年のSNS等の急激な普及により，インターネットを介した差別的・攻撃的な書き込みがトラブルやいじめに発展したり青少年が犯罪に巻き込まれたりする事例も数多く報告されている。さらには，外国籍の人々へのヘイトスピーチや差別的な労働条件等，包摂的

な社会とは程遠い現実も存在する。このように，現在日本においては戦争や紛争はないものの，身近なところで生命や身体，精神を脅かすような様々な課題が山積しており，これらを解決せずして，誰もが安全安心に暮らせる平和で公正な社会の実現は成し得ない。目標15「平和と公正をすべての人に」の達成は，単に戦争のない世界ということではなく，人間の尊厳を脅かす身近で日常的な課題も視野に入れ着実に取り組むことによって道筋が見えてくるものである。

　このようにSDGsの達成に向けては，地球規模の課題を意識しながらも，地域の文脈に即しながら足元の地域の課題にも向き合い，着実に解決していく取組が重要である。この地域に根差した課題克服の歩みこそが，その国が抱える課題の解決，そしてグローバルな課題解決へとつながり，SDGsの達成に貢献していくことになる。まさしく，SDGsの達成には，“Think Globally, Act Locally”（地球規模で考え，足元から行動する）で取り組む視点が必要なのである。

❷SDGsの多角的・関連的アプローチ

　SDGsの達成にあたっては，各個人や団体・組織，地域などが抱えている課題に応じてそれぞれが持つ専門性やこれまでの経験・実績などの強みを生かして，SDGsの目標やターゲットを選択し集中して取り組んでいくことになる。その際には目標と取組を1対1対応で捉えるだけでなく，複数の目標を関連的に捉え，多角的な視点で取り組むと一層効果的である。

　現在，日本においても企業や自治体をはじめ教育機関やNPO／NGO等の多様なステークホルダーがSDGsを掲げ，積極的に取り組むようになってきたが，それぞれの取組を進めたり深めたりするほど，当初の重点的な目標から他の関連する目標へと波及し，複数の目標が連関した包括的な取組としてSDGsの達成に貢献していくこととなる。逆に，地域の課題はその原因や背景が複合的に絡み合っており，それを解決しようとすれば，SDGsの1つの目標の取組だけでは十分ではなく，いくつかの目標の関連させた多角的な視点での取組が必要となってくる。

　このようにSDGsの推進にあたっては，関連・不可分なものであるというSDGsの特徴が示す通り，各目標を相互に関連させ総合的に取り組むことで，その達成に大きく近づくことができる。例を挙げれば，目標11の「住み続けられるまちづくり」で防災・減災に取り組もうとすれば，災害の中での緊急な食糧確保の問題（目標2）や安全な水とトイレの確保の問題（目標6），そして，災害による被害や失業などによる貧困の問題（目標1）や，東日本大震災や近年の台風災害の事例のようなエネルギーの問題（目標7）など，災害は多くの問題を引き起こし，SDGsの多くの目標に波及する。当然，近年の災害の多発化や激甚化，広域化を引き起こしていると言われる海水温の上昇（目標14）やその要因となっている気候変動の問題（目標13），それが陸の生態系に与えるインパクト（目標15）も，防災・減災を考える際には欠くべからざる重要なポイントである。さらには，年々苛烈化する災害に備え対応するためには，災害に強いレジリエントなまちづくりのための技術革新（目標9）が必要であり，それを支え実

現するためには，これまでの災害の経験や科学的な知見に基づく人づくり（人材育成），すなわち防災・減災教育（目標4）が何よりも重要である。

このような文脈を踏まえると，防災・減災のアプローチひとつから言っても，SDGsの様々な目標と連関し，総合的な視点で取り組むことによって，課題解決や持続可能な社会の構築に向けて効果的な取組を推進することができるのである。

❸行動の変革へ―当事者意識を持った行動

3つ目の視点として，SDGsは当然のこととしてアクションベースであるということである。最終的には，SDGsは各国及び各地域，そして我々一人一人が行動することによってのみ，その達成が図られる。そのためには，その担い手である自分たちが主役なのだという当事者意識を持ち，自分のできることを考え，探究し，その実現に向けて仲間や他との連帯を図りながら実践を積み重ねることが求められる。近年，社会におけるSDGsの認知度が一段と高まり，マスコミや広告，役所やショッピングモールなど様々な場面でSDGsのロゴを見かけるようになった。企業や自治体などの各セクターや分野でもSDGsを掲げ，それぞれのアプローチで活動を展開するようになってきており，ある経済界などは，「SDGsの理念なくして，企業活動はあり得ない」との見解を示すようにまでなった。20世紀後半から，リオデジャネイロ（1992年）での，そしてヨハネスブルグ（2002年）での地球サミットを経て一貫して訴え続けられてきた「持続可能性」（Sustainability）は，今や我々人類全体の共通語となった。

しかしながら，現在のSDGsの推進状況を見ると，未だに「SDGsとは何か」を理解する段階に留まったり，これまでの自分たちの活動や事業内容に単にSDGsのアイコンを貼り付けてSDGsをアピールしている状況だったりすることも多い。そのこと自体にも意味はあるが，SDGsの究極の目的は，今の社会を変革し，「誰一人取り残さない」持続可能な社会をつくることである。そのためには，個人，団体，企業，自治体等の各主体が自らの行動を変革し，SDGsの達成に貢献していかなければならない。この「行動の変革」こそがSDGs達成の鍵を握っている。したがって，SDGsに取り組む我々は，それが個人であっても教育機関や企業，自治体等の組織であっても，自分たちのこれまでの活動や取組をSDGsの観点で捉え直し，持続可能な社会をつくるためにどのように変革できるかを考え，それぞれの具体的なアプローチでSDGsの達成に寄与していかなければならない。そのそれぞれの歩みが，持続可能な社会の実現への大きな潮流となり，2030アジェンダが掲げる「我々の世界を変革する力」となるのである。

その際には，それぞれの主体が，単独で取り組むだけでなく，学校や大学，社会教育施設等の教育機関や自治体，企業，そして市民など多様なセクターが相互に連携・連帯し，社会全体でSDGsの理念を共有して取り組むことが大事である。そのことによって，各主体が生涯にわたってSDGsを実践できる場や社会の仕組みを構築することができるのである。

2 SDGsの達成に資するESD
―持続可能な社会の創り手を育成するために

（1）持続可能な開発のための教育（ESD）の背景と経緯

　「持続可能な開発のための教育（Education for Sustainable Development＝ESD）」とは，「人類が将来の世代にわたり恵み豊かな生活を確保できるよう，気候変動，生物多様性の喪失，資源の枯渇，貧困の拡大等，人類の開発活動に起因する現代社会における様々な問題を，各人が自らの問題として主体的に捉え，身近なところから取り組むことで，それらの問題の解決につながる新たな価値観や行動等の変容をもたらし，もって持続可能な社会を実現していくことを目指して行う学習・教育活動である」と定義されている[vi]。そして，そのような社会を実現するためには，「すべての人が，人と人，人と社会，そして人と自然とのつながりを理解しようと努め，上記に掲げた様々な問題を解決するためにはどのような取組が必要かを自ら考えるような視点を身に付け，行動を起こすことが必要である」とされている。

　このESDの重要性が世界で共有されたのは，1992年にブラジルのリオデジャネイロで開催された地球サミットである。ここで，持続可能な開発と将来の達成における教育の重要な役割が認識された。そこで採択されたアジェンダ21の第36章では，持続可能な開発に向けた教育の方向転換を具体的に指摘し，公式及び非公式の基礎教育のすべての教育の流れと，ESDに関連するすべての主要な課題を提示した。

　その10年後の2002年に南アフリカのヨハネスブルグで開催された「持続可能な開発に関する世界サミット」（ヨハネスブルグ・サミット）では，日本がリーダーシップを発揮し，「国連持続可能な開発のための教育の10年」（UN Decade of Education for Sustainable Development＝UNDESD）を提案した。これにより，2002年の第57回国連総会において，2005年から2014年までの10年間を「国連持続可能な開発のための教育の10年（UNDESD）」に指定する決議が全会一致で採択され，2005年1月から国連のESDの10年がスタートしたのである。

　UNDESDの中間年の2009年にドイツのボンで持続可能な開発のための教育に関するユネスコ世界会議が開催され，UNDESDのより一層の進展と拡充を図るための行動を呼びかける「ボン宣言」が発表された。そこでUNDESDの提唱国である日本も「UNDESD Japan Report」を提出し，我が国のESDの取り組みを世界と共有した。このレポートは「多様な主体の参画と連携による豊かな学びの創出」と題し，2005年から2008年までUNDESD前半期の日本政府や自治体，大学，国際機関などの各セクターのESDの成果と課題をまとめたもので，世界のESDを牽引する日本の優良事例を世界に発信するものであった。

さらに，1992年のリオデジャネイロ地球サミットから20年後の2012年6月にブラジルのリオデジャネイロで「国連持続可能な開発会議（Rio＋20）」が開催された。この会議の成果として，「私たちが望む未来」（The future we want）というアジェンダが決議され，その中で，「持続可能な開発のための教育を促進し，国連持続可能な開発のための教育の10年を越えた教育により，持続可能な開発をより積極的に統合することを決意する」（第Ⅴ章）と将来に向けて持続可能な開発を達成するための ESD の重要性が再確認された。

　UNDESD の最終年に，ユネスコは日本と共同で「持続可能な開発のための教育（ESD）に関するユネスコ世界会議」を名古屋市と岡山市で開催した。この「ESD に関する世界会議」は，UNDESD（2005-2014年）の終わりを告げるものであると同時に，その後の ESD の新しいフレームワークを示すものでもあった。「持続可能な未来に向けて今学ぶ」というテーマの下で，会議は，76名の閣僚レベルを含む150か国から3,000名以上の参加者が出席し，国連のESD の10年（UNDESD）の成果を祝い，ESD の未来の舞台を設定しつつ学んだ教訓を明らかにした。この世界会議の成果として，持続可能な開発のための教育（ESD）に関する「あいち・なごや宣言」が採択され，UNDESD を超えた将来の ESD の維持と拡大が約束された。

　そして，UNDESD の主導機関であるユネスコは，この2014年に UNDESD が終了する際に，その成果を積み上げ，新たな推進力を生み出すために，「持続可能な開発のための教育に関するグローバル・アクション・プログラム」（Global Action Programme on Education for Sustainable Development＝GAP）を公表した。それはまさに，国際社会が，行動志向でグローバルかつ普遍的に適用可能であるような「持続可能な開発目標（SDGs）」の新しい枠組みを提案する時と期を同じくして提出された。UNDESD のフォローアップ（2015-2019年）として2013年に策定された GAP は，ESD アクションの生成と拡大（Scale-up）をめざしており，それは，ポスト2015アジェンダ（SDGs）に実質的な貢献をすることを意図するものである。2014年の名古屋市の ESD の世界会議では，実施するためのロードマップも提案し[vii]，ESD を進めるための GAP の５つの優先行動分野を以下に特定して ESD のさらなる発展をめざした。

ⅰ）前進する政策—ESD を教育と持続可能な開発政策の両方に主流化し，ESD を可能にする環境を作り，体系的な変化をもたらす
ⅱ）学習とトレーニング環境の変革—持続可能性の原則を教育および指導の環境に統合する
ⅲ）教育者と指導者の能力を開発する—教育者と指導者の能力を高め，より効果的に ESD を提供する
ⅳ）ユースに力を与え動員する—ユースの間で ESD アクションを増やす
ⅴ）地域レベルでの持続可能な課題解決を加速する—コミュニティレベルでの ESD プログラムとマルチ・ステークホルダーのネットワークを拡大する

　この GAP の５つに整理された優先行動分野の下で，ESD は５年間の新たなステージを迎え，その充実と発展を図ることとなった。

（2）ＳＤＧｓの達成に資するＥＳＤ―ＥＳＤ for 2030

　SDGs の達成年である2030年が迫る中，ESD についてもさらなる取組を促すため，新たな国際的枠組み「持続可能な開発のための教育：SDGs 達成に向けて」（Education for Sustainable Development: Towards achieving the SDGs: ESD for 2030）が，2019年12月の第74回国連総会において採択された。GAP の後継枠組みである ESD for 2030は，GAP の5つの優先行動分野の推進を継承しつつも，特に重視すべきポイントとして，ⅰ）行動の変革（transformative action），ⅱ）構造的変更（structural change），科学技術の進歩した未来（technological future）を挙げている。これは人類が遭遇した未曽有のコロナ禍においても持続可能な社会の再生に向けて一層重視すべき視点でもある。

　SDGs において，「教育」は目標4に位置付けられ，「すべての人に包摂的かつ公正な質の高い教育を提供し，生涯学習の機会を促進する」とされており，さらに，ESD に関しては，ターゲット4.7に「持続可能な開発を促進するために必要な知識及び技能を習得できるようにする」とされている。しかしながら，「ESD は全ての持続可能な開発目標（SDGs）の実現の鍵である」（第72回国連総会決議2017）との世界の共通認識を踏まえ，ESD は，教育分野の目標である SDG4の不可欠な要素であることはもとより，他のすべての SDGs の目標を実現可能にする役割を担うもの（enabler）としてその重要性を改めて強調している。そして，2030年までの ESD の全体的な目的として，SDGs の17の目標の達成を通じて，より公正で持続可能な世界を実現することをめざし，すべての目標への ESD の貢献を強化することを提案している。

　すなわち，ESD は，単に目標4に留まるものではなく，「持続可能な社会の創り手の育成」を通じて「SDGs の17の目標すべての達成に貢献する」ものと考えられる。したがって，ESD をより一層推進することが人材育成の観点から SDGs の達成に直接・間接につながるのである。今後，国際的に17の目標に整理された SDGs のどの目標にどう貢献するかという観点から，これまでの ESD や教育活動に新たな意義や価値付けを行うことで，その目標や課題，内容を一層明確化できる。また，人類共通のグローバル目標である SDGs を意識して地域課題の解決に取り組むことは，地域に根差した活動が地球規模の課題解決につながることにもなる。

　このように SDGs の達成を見据えた ESD for 2030の「ESD は SDGs を達成するための人材育成（教育）」という枠組みが定まったことにより，ESD と SDGs の関係性が明確になるとともに，ESD で取り組むべき SD の内容やアプローチが SDGs によって国際的に整理され，ESD の推進の方向性が明確となったと言える。

（3）学校教育におけるＥＳＤ

❶ＥＳＤの教育的意義
　「持続可能な開発のための教育（ESD）」とは，ますます混迷を深める現代社会・世界におい

て，それらの問題の解決につながる新たな価値観や行動等の変容をもたらし，持続可能な社会を実現していくことをめざして行う学習・教育活動である。この主軸を担うのが学校教育である。

　これまでの学校教育を中心とする ESD の実践を通じて，その効果や成果として２つのことが指摘されている。１つは，ESD に取り組むことによって「教育の質が向上する」ということであり，もう１つは，「教育が持続可能な社会づくりに貢献する」ということである。前者は ESD の「E（教育）」を重視する視点であり，後者は「SD（持続可能な社会の構築）」を強調する視点である。実はこの両輪の連結こそが ESD を特徴づけるものであり，ESD，すなわち「持続可能な社会を創る教育」の価値を示すものである。したがって，ESD のこの２つの視点から，今，SDGs の登場や学習指導要領の改訂で大きく変わろうとする学校教育の今後の在り方や方向性について考えていかなければならない。

❷ESDとユネスコスクール― ESDの推進拠点

　日本の学校教育においては，日本政府がヨハネスブルグ・サミットにおいて「国連持続可能な開発のための教育の10年（UNDESD）」を提案した2002年のころから現場での ESD の取組が始まり，2005年から2014年にかけての UNDESD の間に大きく進展した。特に，文部科学省が ESD の推進拠点として位置づけたユネスコスクールは，2005（平成17）年では20校にも満たなかったが，2018（平成30）年現在，1,116校と世界最多となっている（図２）。ユネスコスクールとは，1953年に創設されたユネスコ憲章の理念を学校教育で実現するための世界規模の学校間ネットワーク（UNESCO Associated Schools Project Network ＝ASPnet）の加盟校であり，パリのユネスコ本部が認定する。日本では，近年これを「ユネスコスクール」と呼んでいる。ユネスコスクールは，ⅰ）世界の懸念と国連システムの役割，ⅱ）持続可能な開発のための教育，ⅲ）平和と人権，ⅳ）異文化学習という４つの研究テーマを掲げ，その実践を通じて，正義，自由，平和，人間開発を追求するすべての人々に質の高い教育の促進をめざしている。

　2008年に文部科学省は，国連 ESD の10年（UNDESD）の推進にあたり，ユネスコスクールの理念と ESD に親和性があり，またその目的や研究テーマにも ESD の推進が掲げられていることから，ユネスコスクールを「ESD の推進拠点」と位置づけ，その普及と活用に努めた。また，ユネスコ本部に対しても日本ユネスコ国内委員会を通じて，「持続発展教育（ESD）の普及促進のためのユネスコスクール活用について提言」を行い，ユネスコスクールを通じた ESD の推進を世界レベルで提唱した。このような国内外に向けてのユネスコスクールにおける ESD 推進という新たなミッションの価値付けと普及施策により，日本のユネスコスクールの加盟校と活動は急激に拡大し，学校教育を核とする ESD を牽引する役割を担うこととなったのである。

現在は，その他の学校でも ESD の取組が次第に増えてきており，今や ESD は，新たな教育の理念，方向性として学校教育の中に着実に普及しつつある。

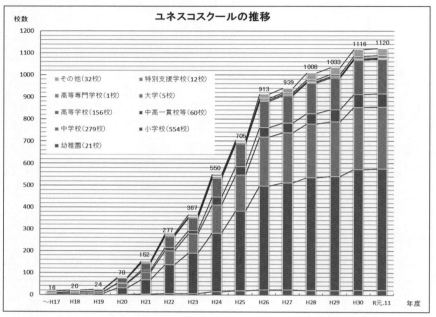

図2　日本のユネスコスクール加盟校の推移
出典：日本ユネスコ国内委員会

❸学習指導要領の改訂とＥＳＤ―学習指導要領の基盤としてのＥＳＤ

2017年３月に，小学校（2020年全面実施）と中学校（2021年全面実施）の学習指導要領が，2018年３月には，高等学校学習指導要領（2022年年次実施）が告示された。この新たな学習指導要領の策定に向けて平成28年12月に出された中央教育審議会の答申では，「持続可能な社会づくりを実現していくことは，我が国や各地域が直面する課題であるとともに，地球規模の課題でもある。子供たち一人一人が，地域の将来などを自らの課題として捉え，そうした課題の解決に向けて自分たちができることを考え，多様な人々と協働し実践できるよう，我が国は，持続可能な開発のための教育（ESD）に関するユネスコ世界会議のホスト国としても，先進的な役割を果たす」と述べるなど，随所で ESD の重要性や必要性について言及されている。そして，この答申に基づき改訂された新たな学習指導要領において初めて創設された学習指導要領の理念を謳う前文と，全体の方向性や内容を俯瞰する総則の中に，「持続可能な社会の創り手の育成」が掲げられた。さらに，小学校，中学校，高等学校とも各教科・領域においても，「持続可能な社会づくり」，すなわち，ESD に関連する内容や記述が数多く盛り込まれている。

このように，学習指導要領は，ESD の理念と実践も踏まえて検討されたものであり，中央教育審議会答申の記載にあるように，今回の改訂は「持続可能な社会の創り手を育成する

ESDが学習指導要領全体において基盤となる理念として組み込まれたもの」と理解できる。

❹ESDによる教育の質の向上

A）ESDによる学びのスタイルの転換

　これまでの学校教育の実践の中で，ESDが教育課程の編成や教育手法の変革に大きく貢献している事例が数多く報告されている。従来，個々のテーマで実施していた学習を，ESDの視点で統合的に再構築することにより，より地域や世界の課題に結びついた学際的かつ実践的な学びに発展させたり，ESDの実践を通して，学習スタイルをより体験や探究，そして問題解決に重点を置いたものに変容させたりすることで，学習者主体の参加型の学習が可能となった。

　このようなESDが重視する学習内容や方法は，学習指導要領に示された「主体的・対話的で深い学び」，すなわちアクティブラーニングの実現に向けた授業改善の方向性に資するものである。さらに，ESDのカリキュラムを編成する際に重視されてきた，地域や外部機関，あるいは世界とも積極的に連携して学際的かつ体系的に学びを構築することは，まさしく「カリキュラム・マネジメント」の具体的な実践強化にもつながるものである。したがって，ESDを推進することは，学習指導要領の学習手法の改善の趣旨に沿うものであり，各教科・領域のみならず教育課程全体で教科横断的，総合的，包括的に取り組むべきものである。

B）ESDによる3つの資質・能力の育成

　学習指導要領の改訂にあたっては，今後の学校教育で育成すべき資質・能力として，ⅰ）生きて働く「知識・技能の習得」，ⅱ）未知の状況にも対応できる「思考力・判断力・表現力等の育成」，ⅲ）学びを人生や社会に生かそうとする「学びに向かう力・人間性等」の涵養の3つの柱に整理された。これを理解する際には，単に3観点で分けたということでなく，それらが何のために必要な資質・能力かということを意識し，そして学習プロセスの中で段階的に育成すると同時に，教育課程全体で相互補完的に関連させながら育成すべきものと捉えることが大事である。

　この資質・能力の育成とESDとの相乗効果を考えるときに，まずおさえておくべきことは，学習指導要領の総則に記載されているように，「豊かな創造性を備え持続可能な社会の創り手となることが期待される生徒に，生きる力を育むこと」をめざして掲げられた資質・能力であるということである。すなわち，ESDの視点からの資質・能力の再構築ということができる。この点については，2016年8月の中央教育審議会教育課程企画特別部会の「次期学習指導要領に向けたこれまでの審議のまとめ（素案）のポイント」の中でも，「持続可能な開発のための教育（ESD）等の考え方も踏まえつつ，社会において自立的に生きるために必要な「生きる力」を育むという理念のさらなる具体化を図るため，学校教育を通じてどのような資質・能力

が身に付くのかを，以下の三つの柱に沿って明確化」するということで上記の資質・能力の３つの柱を掲げている。すなわち，学習指導要領が示す３つの資質・能力は，「持続可能な社会の創り手」に必要なものであり，ESD の理念が反映されたものである。

また，それぞれの資質・能力に関しても ESD はその育成を促進する。まず，ESD は，自然や社会体験，人・自然・社会との関わり（つながり），探究や問題解決等の活動を重視することから，より実感的かつ体系的な理解が促進され知識と

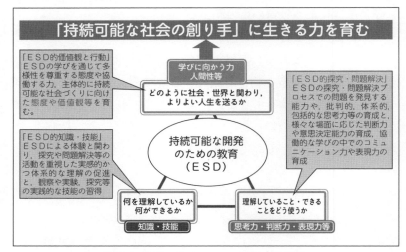

図３　資質の能力の三つの柱とESD

して定着する。それとともに，観察や実験，探究等に必要な実践的な技能も身に付き，まさに「生きて働く知識・技能の習得」に貢献するものである。また，ESD はよく「解のない問いを探究する学び」とも言われるが，その探究や問題解決の学びのプロセスの中で，問題を発見する能力や，批判的思考・体系的思考等の思考力が育成され，様々な場面に応じた判断力や意思決定能力も磨かれる。それとともに，多様な関わりによる協働的な学びの中でのコミュニケーション能力や表現力も向上していく。

さらには，ESD が持続可能な社会の構築・創造をめざして，学び手の価値観や行動の変容を促す学びであるという観点から，「学びを人生や社会に生かそうとする」こと，すなわち行動の変容は，ESD の重要かつ必須なプロセスであり，そのための「学びに向かう力・人間性等」を涵養することは，必然的に ESD がめざす目標と軌を一にするものである（図３）。

❺社会に開かれた教育課程を実現するＥＳＤ

今回の学習指導要領の改訂のキーワードの１つとして，「社会に開かれた教育課程の実現」ということが挙げられる。学習指導要領の前文には，「よりよい学校教育を通してよりよい社会を創るという理念を学校と社会とが共有し，（中略）社会との連携及び協働によりその実現を図っていくという，社会に開かれた教育課程の実現が重要」とある。子ども一人一人が「持続可能な社会の創り手」となるためには，育成すべき資質・能力を明確にしながら「主体的・対話的で深い学び」を展開する必要があるが，学校単体で達成することは困難であり，当然，「社会に開かれた教育課程の実現」に向けたカリキュラム・マネジメントは不可欠である。ESD は，文字通り持続可能な社会の実現をめざして行われる教育活動であるが故に，社会に

開かれた教育課程を前提とする。日本の学校でも ESD が始まった当初から，地域の人材や関係機関，博物館や公民館等の社会教育施設などと連携した ESD の実践が展開されてきた。必要によっては，大学等の専門機関，海外の学校や国際機関などとも連携して ESD を実践する事例も報告されている。このように ESD に取り組む学校は，地域や国内外の多様な主体のリソースとの連携・協働によって，時には地域に根差し，時には国際的な連携の下で学習プログラムを開発したり連携・推進体制を構築したりして豊かで広がりのある教育実践を積み重ねてきたのである。

　現在，ESD の進展とともに，ユネスコスクールやコミュニティ・スクール等を活用し，学校を核としながら地域や他地域と連携して学校の枠を超え広範な教育活動を展開する事例も多くなってきた。また，各地域では，文部科学省の ESD コンソーシアムや環境省の ESD 活動支援センター，国連大学の ESD の地域拠点（RCE）等，多様な主体による ESD ネットワークが形成されている。各学校でも，これらのネットワークと連携し，その支援を受けることで，より社会に開かれ，よりアクティブな教育を実現できる機会が創出される。

　このように，これまでの ESD の実践によって培われてきた「学校が地域や社会の主体と連携してよりよい社会を創る」という経験や手法，そしてその仕組みは，学習指導要領が掲げる「社会に開かれた教育課程の実現」に大きく寄与し，教育の質を高めるものと期待できる。

❻ESDとこれからの学校教育

　これまでの学校教育（公教育）は，その時代時代の背景や要請に応える形で，その目的や手法，方向性が変遷してきた。「生きる力」の育成が掲げられるようになり，学力観・指導観の転換が図られるようになった前学習指導要領でさえも，様々な関わりの中で児童生徒が学ぶことを奨励しつつ，それを通じて最終的には個人の個性や能力の伸長，自己実現に主眼が置かれてきた。しかしそれだけでは，現在，持続不可能な諸課題が山積する中で，持続可能な社会づくりに貢献する人材を育成することが困難であるのは，国内外の状況が示す通りである。

　したがって，これからの学校教育では，児童生徒一人一人の自己実現を大事にしながらも，自然や社会，世界と共に生き，持続可能な社会を共に創るという「共生」，「共創」の理念とそれを実現する力を，学校と地域・社会が連携して育むことが重要である。それが SDGs の達成に資する ESD，持続可能な社会の創り手を育てる教育である。この度の ESD の理念を基盤とする学習指導要領の改訂は，まさしくその学校教育の方向性を明示するものである。

3 大牟田の地域創生へ向けた人づくり
─ユネスコスクールのまちと大牟田版ＳＤＧｓ

（1）「ユネスコスクールのまち　おおむた」の戦略性と推進力

　福岡県大牟田市は，日本でも最も SDGs／ESD に意欲的に取り組んでいる地域の１つである。その歴史は10年ほどになるが，その間に培われた実践の多様性や先進性，市をあげての推進体制，国内外との重層的なネットワークの構築など組織的・戦略的に練られた ESD の推進施策により，大牟田は，今や，日本の SDGs／ESD を牽引するリーディングシティとしての役割を果たしている。大牟田のこれまでの道程を振り返り，その思いや努力，それを実現するための戦略を解き明かすことは，SDGs／ESD を推進する他の地域に大きな示唆と力を与えるものである。

❶「石炭の火は消えても，教育の火は赤々と燃えている」

　大牟田市の持続可能なまちづくりへの挑戦は，教育から始まった。1997年の三池炭鉱の閉山により基幹産業であった石炭産業が一気に衰退し，大牟田市の持続性，そして未来の先行きが不透明な状況に陥った。当時の教育長が，落胆する市民や子供たち，教員に向かって鼓舞するがごとく語りかけたのが，「石炭の火は消えても，教育の火は赤々と燃えている」という言葉であった。これを精神的な支柱に，大牟田市は「教育」，すなわち「人づくり」に街の再生と未来を託した。まさに，「持続可能な大牟田のための教育」を進めようと決意したのである。

　そのような時に，大牟田に２つの大きな出会いがあった。１つは，閉山した三池炭鉱関連資産の世界文化遺産への登録申請であり，もう１つは，ユネスコスクールへの加盟申請であった。後者のユネスコスクールの申請は，2010年に市内の全公立学校（小・中・特別支援学校）が一斉に加盟申請を行い，2012年１月に全校同時にパリのユネスコ本部から加盟が承認された。教育委員会が管轄する学校全てが一斉にユネスコスクールに加盟が認められた自治体は，大牟田市が全国で初のケースであった。このユネスコスクール全校加盟によって，「ユネスコスクールのまち　おおむた」の基盤ができ，大牟田市の ESD は本格的にスタートを切ることとなった。また，2015年７月には，三池港や宮原抗などの大牟田の三池炭鉱関連資産が，「明治日本の産業革命遺産」として正式に世界文化遺産に登録された。これにより，世界遺産を活用した ESD の実践（世界遺産学習）が展開されるなど，ユネスコスクールと世界遺産を両輪として，持続可能なまちづくりための教育，すなわち大牟田の ESD は飛躍していくこととなった。

　これが実現できたのは，炭鉱の閉山など大牟田の逆境をプラスに変えて未来に生かそうとす

る努力と，教育委員会と市内全校・教職員が一致団結して，大牟田の未来を担う人材を育成しようとする，まさにホールシティ・アプローチでの情熱や連帯があったからこそと言える。

❷ホールシティ・アプローチによるESD／ユネスコスクールの推進

大牟田市は，2012年に市内の全小・中学校，特別支援学校がユネスコスクールに加盟したのを皮切りに，学校はもとより全市を巻き込んだESDの推進施策を次々と戦略的に打っていった。

2015年には，市長を本部長，教育長を副本部長，市の部局の部長を委員とする「大牟田市ESD推進本部」を立ち上げ，教育行政のみならず首長部局とも連携を図りながら市をあげてESDを推進する体制を整えた。また，2014年には，文部科学省の採択を受け，地域の様々なステークホルダー

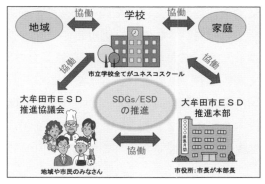

図4　大牟田のSDGs／ESDの推進体制
出典：大牟田版SDGs第2版

の参画を得て「大牟田市ESDコンソーシアム」を設立し，さらには，このコンソーシアムの中核として，2017年に「大牟田市ESD推進協議会」を結成した。これらの施策により，地域の多様な主体との連携と協働によるESDの推進ネットワークが構築され，大牟田市では一層広がりと深まりのあるESD／ユネスコスクールの実践が行われるようになった（図4）。

一方，大牟田市教育委員会では，保護者や市民に向けたESD／ユネスコスクールの活動の発信にも力を注いできた。市や学校の広報への掲載や，ユネスコスクール便りの発行を通じて，保護者や市民に各学校のESD／ユネスコスクールの取組を発信して理解や共感を深めている。また，大牟田市の全校がユネスコスクールへの加盟を認められた1月17日を「大牟田市ユネスコスクールの日」と定め，2017年1月に制定宣言を行うとともに，市制100周年の翌年の2018年1月には，次の100年を見据えて「ユネスコスクール・ESDのまち　おおむた」宣言を行い，大牟田のESD／ユネスコスクールの取組を市民に広く発信して，その啓発を図った。

このように大牟田市は，2012年からユネスコスクールの活動を中心に，ⅰ）市をあげての推進体制，ⅱ）地域の多様なステークホルダーの参画によるネットワークの構築，そして，ⅲ）ユネスコスクールの日制定や「ユネスコスクール・ESDのまち　おおむた」宣言など，地域への発信と啓発の施策を通して，ESDを戦略的，かつ持続発展的に展開してきたのである。

❸学び合いと普及の場の設定

大牟田では，本格的にESDが始動した2012年から毎年1月に「ユネスコスクール・ESD子どもサミット」を開催し，ユネスコスクールの児童生徒がステージでESDの実践を発表して学び合ったり地域に発信したりするとともに，他地域のESD実践校も招聘して取組を共有し

学びを深めてきた。また，ESD に関する各種の教員研修メニューを用意し，管理職，担当教員，新規採用教員など各層に応じて意図的・計画的な ESD 教員研修が実施されてきた。

　特に，毎年，市内のみならず全国各地から ESD の優良事例を集めて開催される「ユネスコスクール・ESD 全国実践交流会」は，ESD やユネスコスクール，そして SDGs の最新事情を学ぶ全体会とともに，全国の先進校が参加してテーマ別に ESD を掘り下げる分科会で構成され，質の高い学びの場を実現している。この実践交流会には，教員のみならず，市長や市議会議員，そして大牟田市 ESD 推進協議会の関係者など地域から広く参加するとともに，外務省，文部科学省，環境省の各省庁をはじめ，大学やユネスコ関係者も出席して，大牟田を舞台に，国内外の ESD ／ユネスコスクールの動向と今後の展開が議論される ESD プラットフォームの役割を果たしている。これは，これまでの大牟田の ESD の実践と推進施策の積み重ねによって成し得た成果であり，まさに大牟田 ESD の成長と拡大（Scale up）の象徴である。

❹国内及び世界への発信とネットワーク形成

　このような大牟田の ESD の取組が評価され，2017年に九州では初，しかも地方都市では初めて文部科学省が主催する「ユネスコスクール全国大会／持続可能な開発のための教育（ESD）研究大会」（第9回）が大牟田市を会場に開催された。遠隔地にもかかわらず，パリのユネスコ本部の担当課長をはじめ国内外から過去最多の900名を超える参加者があった。1日目に吉野小学校での ESD 公開授業研究会，2日目にフォーラムと分科会が行われ，大牟田の ESD のこれまでの実績と今後の飛躍の可能性を国内外に発信した。まさしく本大会は，日本の ESD ／ユネスコスクールの「リーディングシティ大牟田」を自他ともに標榜する機会となった。

　さらに，大牟田市は，ESD のさらなる発展に向けた国際展開を図るため，国連大学の RCE（Regional Centres of Expertise on ESD）に加盟した。RCE とは，国連大学（UNU-IAS）が認定する「ESD を推進する地域拠点」を意味し，持続可能な未来を構築するための教育（ESD）を推進している個人，組織，専門家のネットワークである。大牟田は，これまでの ESD 推進で構築した ESD 推進本部や ESD コンソーシアム，ESD 推進協議会，大学等との連携の仕組みとネットワークを駆使して2020年に国内8番目の RCE[viii]として加盟を果たしたのである。

　これにより，大牟田市は，ユネスコスクールという学校間ネットワークと RCE という地域間ネットワークの2つの国際的な ESD ネットワークを持つに至った。今後は，これらを活用し国際的な舞台で大牟田の ESD ／ユネスコスクールの取組を発信していくことが期待される。

（2）持続可能な地域づくりへの挑戦

❶地域発信型のＳＤＧｓ／ＥＳＤ—「大牟田版ＳＤＧｓ」の開発と実践

　2015年に国連サミットで「持続可能な開発目標（SDGs）」が掲げられ，ESD の国際的枠組

みも「ESD for 2030」[ix]へと大きな転換期を迎える時期に，大牟田市でもこれまでのESD／ユネスコスクールの取組をSDGsの視点から捉え直し，SDGsをESDの目標と定めて，「SDGsの達成に資するESD」へと再方向付けを図った。SDGsがめざす持続可能な社会の構築，すなわち地域創生には，まず身近な地域課題の解決が不可欠であり，そのためには課題をSDGsで捉え直し，地域の文脈に沿って実現可能な形で取り組んでいく必要がある（How to Localize）。

そこで，大牟田市教育委員会では，地域が抱える課題や強みを踏まえてSDGsをより地域に適合させた「大牟田版SDGs」[x]を開発した。大牟田市のこれまでのESDの取組をSDGsの視点で整理・体系化するとともに，目標を重点化・具体化して，将来に向けた羅針盤として示したのが，大牟田版SDGsである。

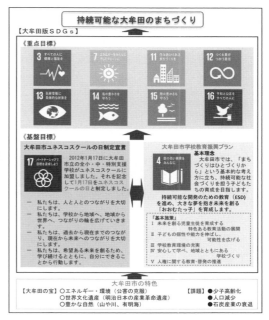

図5　大牟田のSDGsの構造
出典：大牟田版SDGs第2版

大牟田版SDGsでは，SDGsの17の目標のうち，大牟田が誇るESDの実践，すなわち「教育」と，それを支えるESD推進本部やESD推進協議会，RCE等の「パートナーシップ」を基盤目標とし，大牟田の強みと課題を踏まえて，今後達成すべき目標を8つに焦点化して重点目標とした。その目標ごとに大牟田が克服すべきターゲットを選択し，大牟田市が取り組んでいる施策を明記するとともに，学校教育においてその達成に資する人材育成に向けてどのような教育（ESD）が展開されているか実践事例を挙げている。そして最終的には，どのような人材を育てたいかを，身に付けさせたい資質・能力とともに育成すべき児童生徒の姿を示している。このように，グローバル目標であるSDGsを地域課題と人材育成にブレイクダウンして実際に育成すべき子どもの姿と結びつける構造となっている（図5）。

2020年に改訂した第2版においては，ESD for 2030を踏まえて，ESDとSDGsの関係性をより構造化し，「ESDの推進によるSDGsの達成」という視点を明確に示した。さらに，ESDをSDGsの視点で学びを深めることによって，SDGsの1つの課題（目標）からの学びが他のいくつかのSDGsの目標へとつながり，それらの目標を関連

図6　SDGsの目標を関連させたESD
出典：大牟田版SDGs第2版

させた総合的な ESD の学びへと発展していく事例も示された。これはまさに，SDGs の不可分・関連的という特徴を踏まえ，「SDGs の達成に資する ESD（ESD for SDGs）」の探究プロセスを可視化した好事例と言える（図6）。

　このように，大牟田版 SDGs は，羅針盤として今後の大牟田の SDGs／ESD の推進の方向性や構造を示すことはもちろん，地域から ESD を基盤に SDGs の達成をめざすという「地域発信型 SDGs」として，また，「地域版 ESD for 2030」として他地域にも大いに参考になるものである（図6）。

❷災害とコロナ禍の中で生きるＳＤＧｓ／ＥＳＤ

　2020年7月の「令和2年7月豪雨災害」で，大牟田市はかつてないほどの大水害に見舞われた。特に，みなと小学校区は短時間でみるみるうちに冠水し，水は校舎内まで押し寄せて校舎の1階と体育館が1mほど水没した。学校は，一晩中，児童の避難，保護者への連絡・引き渡しなどの危機対応に追われながら，児童の生命と安全の確保に最善を尽くした。その結果，20数名の児童は学校で一夜を明かし，翌日の朝に自衛隊や警察にゴムボートで救出されたが，それを含め全児童，誰一人ケガすることもなく全員無事に保護者の元に帰還することができた。

　ただ，校舎は浸水により甚大な被害を受け，学校復旧への道のりは困難を極めると思われた。しかし，水が引いた翌日から直ちに，みなと小学校の教職員はもちろん，市内の各小中学校の教職員，退職校長会，そして地域住民などがみなと小学校に応援に駆け付け，皆で協力して後片付けや復旧作業に尽力した。そして，なんと1週間後には，児童を迎え授業を再開したのである。災害の規模からすれば，まさしく「奇跡の学校再開」であるが，これを可能としたのは，大牟田がこれまで ESD を通じて培ってきた危機的な状況に対応し復興できる力（レジリエンス）と，互いに協力し合いながら困難に立ち向かう絆（パートナーシップやネットワーク）が，この災害でも危機対応の場面や復旧・復興のプロセスにおいて確かに生きたからだと言える。

　また，近年のコロナ（COVID-19）禍において，学校は様々な制約の中で困難な状況に置かれているが，大牟田市では教育委員会を中心に，学校や保護者，行政と連携し，医学の専門家に助言を得て感染防止を努めながら教育活動を推進している。また，保健・福祉部門等の関係機関と連携し，貧困家庭や特別な支援を要する児童生徒など特に配慮を要する子供たちへの個に応じたきめ細やかな支援を学校と共に行うなど，コロナ禍においても「誰一人取り残さない」という SDGs の理念の下に様々な施策を実施してきた。さらに学習面では，直接の体験活動や交流活動が制限される中で，オンラインを駆使した学習交流や教員研修を積極的に導入して学習や研修の充実を図りながら「コロナ禍の中での教育」の質の向上に努めている。2021年1月には，大牟田市の学校が中心となり，九州・沖縄地方の学校や地域をオンライン会議システムで結び，東京大学海洋教育センターと連携して「海洋教育こどもサミット in おおむた」を開催した。大牟田がこれまでの SDGs／ESD の経験を活かしてハブとなり，海を舞台に

SDGs を展開する学校相互の学びの場とネットワークを構築する試みとして大きな注目を浴びている。

❸大牟田からの学び－ＳＤＧｓ／ＥＳＤのリーディングシティとして

持続可能な地域づくりを進めるためには、自分たちや地域の未来をデザインする力を特に次代を担う子供たちに育成することが大切である。これは、一朝一夕でできるものではなく長いスパンの持続的・体系的な教育（人材づくり）によって可能となる。だとすれば、その成否の鍵は、取組そのものをいかに持続可能なものにするか、つまり、SDGs／ESD の Sustainable Development（持続発展）が必要である。そのためには、人や思い、学びをつなぐ戦略（施策）が大事である。大牟田市では、全公立学校がユネスコスクールであり、発達段階に応じた持続発展的な教育により、地域づくりの担い手、そして持続可能な社会の創り手の育成をめざしてきた。その中でも、教育委員会は大きなリーダーシップやガバナンスの役割を果たしてきた。

SDGs／ESD を興し、持続発展させ、そして未来につなぐ、3つのポイントがある。
① 先進的な SDGs／ESD のプログラムやカリキュラムなどのコンテンツの開発
② 推進体制の構築や地域との連携、専門機関との連携などの推進システムの構築
③ 校長や教育委員会のリーダーシップによる研修や広報、予算確保等のガバナンス

私はこれを SDGs／ESD 推進のための「三種の神器」と呼んでいる。2010年に産声を上げた大牟田の ESD は、この三種の神器を市全体で戦略的に練り上げながら、たゆまぬ努力と挑戦によって推進され、10年の時を経た今「ユネスコスクール・ESD のまち　おおむた」へと発展した。そして現在、ESD に SDGs の視点を取り入れることでさらに取組を進化させ、2019年7月には「SDGs 未来都市」に認定され、同年12月には、教育委員会としては初めて「ジャパン SDGs アワード」SDGs パートナーシップ賞（特別賞）を受賞した。さらに今後、RCE として世界に羽ばたこうとしている。大牟田は今や SDGs のリーディングシティとしても、日本の SDGs を牽引する役割を担っている。

---

i 1987年ブルントラント委員会「Our Common Future」
ii 等価可処分所得の中央値の半分の世帯
iii 厚生労働省、2019年国民生活基礎調査の概況
iv OECD 経済審査報告書日本 April 2017年概要
v 世界経済フォーラム（WEF: World Economic Forum），the Global Gender Gap Report 2020
vi 2016年 ESD に関する関係省庁連絡会議、我が国における「持続可能な開発のための教育（ESD）に関するグローバル・アクション・プログラム」実施計画（ESD 国内実施計画）
vii UNESCO（2014）UNESCO Roadmap for Implementation the Global Action Programme on Education for Sustainable Development. UNESCO, Paris, France
viii 北海道央圏、仙台広域圏、横浜、中部、兵庫―神戸、岡山、北九州、大牟田の8地域
ix 2019 UNESCO, ESD: Towards achieving the SDGs（ESD for 2030）
x 大牟田市教育委員会発行、2017年12月作成、2020年11月改訂（第2版）

資料 大牟田市におけるＳＤＧｓ／ＥＳＤの10年の歩み(1)〈2008年〜2015年〉

年	1997	2008	2009	2010	2011	2012	2013	2014	2015
市の動き	●炭鉱閉山　　人口14万人台	人口12万人台							人口11万人台
国の動き		●新学習指導要領（持続可能な社会の構築の観点が盛り込まれる）　●教育振興基本計画（第1部, 第2部等にＥＳＤ, ユネスコスクールが明記される）					●第2期教育振興基本計画（第2部(4)等でＥＳＤ, ユネスコスクールについて明記される）		
教育委員会の動き				●ユネスコスクール研究スタート　●ユネスコスクール加盟申請準備	●ユネスコスクール研修会開催	●ユネスコスクール全校一斉加盟			
推進組織設立						●ユネスコスクール担当者会スタート		●ユネスコスクール支援センター開設　●大牟田市ＥＳＤ推進本部設置	
イベント・行事の開催 資料作成					●子ども大牟田検定開始	●ユネスコスクール・ＥＳＤ子どもサミット開催　●ユネスコスクール便りの作成開始（月1回）		●第6回世界遺産学習全国サミット in おおむた開催　●ユネスコスクール・ＥＳＤ全国実践交流会開催	（毎年開催）　●ＥＳＤ実践の手引作成
文部科学省の事業採択								●文部科学省グローバル人材の育成に向けたＥＳＤの推進事業採択	

CHAPTER 2

環境づくり編

SDGs／ESD
を推進するために

（1）持続可能な大牟田へ

　大牟田市は，福岡県の最南端に位置し，西は有明海，東は阿蘇の外輪山へとつながる山々に囲まれた自然環境に恵まれた土地である。人口は，約11万人で，学校数は，市立の小学校19校（児童数は，約5400人），中学校８校（生徒数は，約2400人）と市立の特別支援学校１校（児童生徒数約120人）である。平成29（2017）年３月１日に市制施行100周年を迎え，これからの100年を見据えた新たなまちづくりのスタートを切ったところである。

　本市は，かつて三池炭田を有する「炭の都」であった。15世紀に石炭が発見され，明治時代には，我が国の産業革命の原動力として工業の近代化をリードしてきた。昭和30年代には，石炭はエネルギー源として「黒ダイヤ」と呼ばれ，市内には石炭化学コンビナートが形成され，日本の高度経済成長期を支えてきた。当時は，人口20万人を超える福岡県有数の都市として栄えていたが，石炭から石油へのエネルギー転換に伴い，平成９（1997）年に炭鉱は閉山した。その後，基幹産業の衰退とともに人口は減少し，高齢化率も高くなり，持続可能な大牟田のまちづくりを模索していくこととなった。

　炭鉱閉山当時の教育長の「石炭の火は消えても，教育の火は赤々と燃えている。」の言葉のもと，市立の学校では，エネルギー環境教育や英語教育をはじめ，国際理解教育，福祉教育など，特色ある教育活動を推進しまちが元気になるよう努めてきた。

　そこで，大切にしたのは大牟田独自の自然や文化とともに，人とのつながりを大牟田の新しいまちづくりに生かしていきたいとの考えである。大牟田を支え発展させた人々や石炭産業の歴史，豊かな自然，独自の文化を生かした教育活動を展開し，郷土大牟田に愛着と誇りを持ち，大牟田のために行動することのできる子供たちを育成することが，大牟田市のかかえる課題を解決することになり，持続可能なまちになると考えた。

（2）「おおむた」から「ユネスコスクール・ＥＳＤのまち　おおむた」の創造

　本市は，炭坑閉山後の少子高齢化等の課題解決に向け，市をあげて持続可能な大牟田のまちづくりを進めていく必要があった。そこで，持続可能なまちづくりのために，教育委員会が中心となって「ユネスコスクール・ESDのまち　おおむた」に向けて取り組んだ内容・事業等について説明する。

❶ユネスコスクールへの加盟について

なぜ，大牟田市は，ユネスコスクールに加盟することにしたのか，加盟までの経過について説明する。

平成22 (2010) 年度に，文部科学省よりユネスコスクール，ESD について説明があった。そこで，ユネスコスクール・ESD について研究することにした。

> ユネスコスクールとは，ユネスコ憲章に示されたユネスコの理念を実現するため，平和や国際的な連携を実現する学校であり，ユネスコが認定する学校です。
>
> 文部科学省及び日本ユネスコ国内委員会では，ユネスコスクールをESDの推進拠点と位置付けています。
>
> また，ESDとは，Education for Sustainable Development の略で，「持続可能な開発のための教育」と訳されています。
>
> 持続可能な開発のための教育（ESD）とは，
> ①人類が将来の世代にわたり恵み豊かな生活を確保できるよう，
> ②現代社会における様々な（地球規模の）問題を，各人が自らの問題として主体的に捉え，身近なところから取り組むことで，
> ③問題の解決につながる新たな価値観や行動等の変容をもたらす。
> つまり，持続可能な社会づくりの担い手を育む教育のことです。
>
> ※文部科学省，日本ユネスコ国内委員会
> 「ユネスコスクールで目指すＳＤＧｓ　持続可能な開発のための教育」より

当時の大牟田市の状況は，炭鉱閉山後の人口減少により少子高齢化，また環境・エネルギー等の課題の解決が求められていたが，一方で，世界遺産を含む文化財の宝庫であり，友好都市や石炭を通した諸外国とのつながりを生かした国際理解教育への取組，さらにネットワーク化された情報環境の整備等が整っていた。そこで，これらの課題解決や市のよさを生かした持続可能なまちづくりに向けて様々な取組を進めていた。

また，平成20 (2008) 年3月公示の学習指導要領では，「小学校学習指導要領の総則や理科，社会」，「中学校学習指導要領の理科，公民，地理」，「高等学校学習指導要領の地理歴史，公民等」に，持続可能な社会の構築の観点，つまり ESD の観点が盛り込まれた。

さらに，平成20 (2008) 年7月閣議決定の教育振興基本計画では，ESD に関して「持続可能な社会の構築に向けた教育に関する取組の推進」として，以下の内容が示された。

一人一人が地球上の資源・エネルギーの有限性や環境破壊，貧困問題等を自らの問題として認識し，将来にわたって安心して生活できる持続可能な社会の実現に向けて取り組むための教育（ESD）の重要性について，広く啓発活動を行うとともに，関係府省の連携を強化し，このような教育を担う人材の育成や教育プログラムの作成・普及に取り組む。
　　特に，ESDを主導するユネスコの世界的な学校ネットワークであるユネスコ・スクール加盟校の増加を目指し，支援する。

　当時，各小・中・特別支援学校では地域課題を踏まえ，福祉・環境・エネルギー・地域の文化等のテーマで，特色ある活動に取り組んでいた。

　そのような中，平成23（2011）年1月に「ユネスコスクール研修会in大牟田」を開催していただき，ユネスコスクール，ESDについて理解を深めていった。

　このように，大牟田市の現況，学習指導要領，教育振興基本計画，各小・中・特別支援学校の特色ある教育活動等を踏まえ，大牟田の持続可能なまちづくりについて，ユネスコスクールが推進していくESDの理念や方向性が一致することから，ユネスコスクールへの加盟について検討することとした。しかし，ユネスコスクールは学校が加盟して活動していくものであるので，教育委員会からのトップダウンでユネスコスクールに申請させても各学校の意思がなければ，継続した取組にはならないと考えた。そこで，校長会や教頭会でユネスコスクール・ESDについてまず研修の機会を設け，加盟申請について議論を行っていただいた。校長会や教頭会では様々な意見があったが，本市の目指すまちづくりとユネスコスクールの理念が一致するということで，全ての学校で加盟申請することが決定した。そこで，教育委員会として全面的に支援することにした。

　このように大牟田市教育委員会の支援のもと，市内の全公立学校がユネスコスクールに一斉に加盟申請してESDを推進していくことになった。加盟申請やESD研修会については，当時ユネスコスクール支援大学である九州大学教授の山下邦明氏にご指導いただいた。

❷ユネスコスクール一斉加盟

　市内の全公立小・中・特別支援学校が，パリのユネスコ本部へユネスコスクールへの加盟申請を行ってから約2年後，平成24（2012）年1月17日，ありがたいことに全校一斉にユネスコスクールの加盟承認を受けることができた。当時，一つの市の全公立学校が一斉に加盟承認されることは珍しいとの話を聞き，「ユネスコスクール・ESDのまち　おおむた」として持続可能な大牟田のまちづくりに向けた新たな挑戦として持続可能な開発のための教育（ESD）を始めることとした。そして，世界遺産や福祉，まちづくりなど大牟田市の特徴を踏まえた実践が，各学校で地域や各関係団体と連携・協働し，展開されていくことになった。現在，これらの学びは，子供たちに，様々な時空間を超えたつながりやかかわり，そして様々な課題解決に向け

た行動化をもたらしている。

❸ＥＳＤの教育課程と担当者の明確化

市内の学校の ESD を推進・充実していくためには，まず，その推進体制と組織づくりが必要であった。

各学校においては，教育委員会の支援のもと，ユネスコスクールへの加盟申請中の平成22（2010）年度から ESD の推進を始めていった。まず，各学校の特色を生かしながら校内の ESD を推進していくために，各学校の教育課程に具体的に ESD を位置付けることにした。具体的には，全体計画の作成，学年毎の年間計画の作成，そして，校務分掌にもユネスコスクール担当者を位置付け，校内の推進体制を明確にした。

❹ユネスコスクール担当者会の組織づくり

ユネスコスクール担当者会では，校長会の代表が会長，教頭会の代表が副会長となり，小・中・特別支援学校の担当者の中から部長等の役員を決め運営し，教育委員会が支援するという，各学校でユネスコスクールとして活動できるような体制を整えた。このユネスコスクール担当者会の役割は，ESD の理念や実践について共有し，各学校の ESD を充実させるとともに，市全体として ESD の推進を図ることである。

ユネスコスクール担当者会では，市内の ESD を充実させるために，教育委員会が主催する ESD に関する研修会並びに児童生徒の ESD 成果発表会である「ユネスコスクール・ESD 子どもサミット」の企画・運営にあたっている。また，担当者会では，毎月，ESD に関する情報や各学校の実践を紹介する「ユネスコスクール便り」を作成し，市内の全教職員に配布し，情報の共有化を図っている。詳細は，「2　学校の取組」の項で説明したい。

❺ユネスコスクール・ＥＳＤに関する教職員研修会

ESD に関する理解を深め，実践の交流を図るために，右図のようにA研修からG研修といった教職員のニーズに応じた多様な研究会を行っている。

特に，実践研修の交流の場として，毎年８月に「ユネスコスクール・ESD 全国実践交流会」を開催している。研修会の内容として，午前中は，全体講演会等を行い ESD について理解を深め，午後には４つの分科会を開き実践の交流の場として，ESD

大牟田市が進めるESDについての教職員研修
＜研修の種類＞　多様な研修の機会の提供（教職員が選択できる）
A研修：ＥＳＤ・ユネスコスクールに関する理論研修
B研修：大牟田市内の実践を交流する研修
C研修：大牟田市外の実践を交流する研修
D研修：授業実践を通した研修
E研修：大牟田市外の研修会を活用した研修
F研修：リーダー養成研修
G研修：日常的な研修

に関する理論と各学校の実践を交流している。（現在は，SDGs／ESD についても研修・交流を深めている。）

例えば，令和元（2019）年度の「ユネスコス
クール・SDGs／ESD 全国実践交流会」は，来
賓として，文部科学省，外務省，環境省，日本
ユネスコ国内委員会，ESD 活動支援センター，
九州地方 ESD 活動支援センター，大牟田経済
倶楽部，大牟田副市長，市議会議員の方々をお
招きした。全国から約300名の教職員，教育関
係者，諸団体の方に参加していただき開催した。

当日の午前の講演会は，「SDGs と教育～子
供たちと創る持続可能な社会，そして未来～」と題して，日本ユネスコ国内委員会委員（当
時）で東京大学大学院教育学研究科附属海洋教育センター主幹研究員である及川幸彦先生にご
講演いただいた。午後の分科会では，市内の小学校5校，熊本県熊本市立中学校1校，福島県
南会津郡只見町立小学校1校，岡山県教育庁高校教育課からの実践発表が行われた。これまで
の交流会では，奈良教育大学の加藤久雄学長や中澤静男准教授，前 ESD 活動支援センター副
センター長の鈴木克徳氏にもご指導いただいた。

　さらに，大牟田市教育委員会では，大牟田市に採用された初任者や他市郡から異動して来ら
れた先生方を対象にした，SDGs／ESD 研修会を毎年，夏期休業中に実施して，SDGs／ESD
の充実に努めている。

＜具体的な研修会等＞

- ・ユネスコスクール担当者会
- ・研究指定校による拡大校内研修会
- ・ユネスコスクール・ESD 全国実践交流会
- ・世界遺産学習全国サミットへの参加
- ・ユネスコスクール全国大会への参加
- ・世界遺産学習研修会
- ・ユネスコスクール・SDGs／ESD 子どもサミット
- ・大牟田市教育研究所員による研究報告会
- ・大牟田市教育委員会指導主事の校内研修会
- ・ユネスコスクール便りの発行

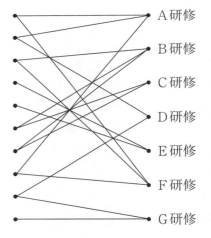

A研修
B研修
C研修
D研修
E研修
F研修
G研修

❻ユネスコスクール支援センター

　学校における ESD を充実させるために，平成26（2014）年度，大牟田市教育研究所内に，
「大牟田市ユネスコスクール支援センター」を全国で初めて設置し，元校長先生をユネスコス
クール支援センター事務局員として配置している。

ユネスコスクール支援センターには，ユネスコスクール・ESD に関する文献や資料，教材等を置き，ESD や他のユネスコスクールについての情報を収集し各学校に提供したり，研修を深めたりする場になっている。また，各学校からのユネスコスクールの活動や ESD 等についての相談にも応じている。現在は，SDGs に関する文献・資料等も整備している。

ユネスコスクールは，「国内外のユネスコスクール相互間のネットワークを介して，互いに交流相手の良さを認め合い，学び合うこと。」＜平成24（2012）年　日本ユネスコ国内委員会のユネスコスクールガイドラインより＞とある。ユネスコスクールは，他のユネスコスクールと交流を図ることが大切である。そこで，ユネスコスクール間の交流を推進するために，ユネスコスクール支援センターは，国内の他の地域や外国のユネスコスクールについての情報提供や国内外の学校との交流の橋渡し等，支援の充実を図っている。

❼ 「大牟田市ＥＳＤ推進本部」の設置

持続可能な大牟田のまちづくりのためには，教育の充実とともに，市をあげての ESD の推進が大切であるという市長の考えから，平成27（2015）年度，市役所内に市長を本部長，教育長を副本部長，各部局の部長を委員とする「大牟田市 ESD 推進本部」が設置された。

このことにより，市をあげて ESD を推進し持続可能なまちづくりに取り組む体制が整った。

例えば，環境部による ESD 出前授業や，広報課による市民への ESD の発信・啓発等，市役所内の各部局が ESD に関する事業を展開したところである。

＜各部局との主な関連事業（学校における授業）＞
- 企画総務部…宮原坑子どもボランティアガイド，大同市（姉妹都市）との学校間交流
- 市　民　部…平原っ子の消費者学習，「税」について考えよう
- 市民協働部…地域とつながる手鎌フードプロジェクト，人権の花「ひまわり」を届けよう
- 都市整備部…みんなで防災減災，車椅子とバリアフリー，延命公園ウォッチング
- 環　境　部…堂面川環境調査，緑のカーテン，生き生きビオトープ，ゴミダイエット作戦
- 保健福祉部…子ども民生委員，ほっとあんしんネットワーク模擬訓練
- 消　防　署…安全マップづくり，みんなで防災減災
- 企　業　局…有明海に注ぐ野間川水質調査隊，水はどこから
- 教育委員会…ふれあい共室，ネイチャースクール
- 市議会事務局…子ども議会（100周年事業，ESD の視点で質疑）　等

※平成30（2018）年　大牟田市 ESD 推進本部会議資料より

❽ 「大牟田市ＥＳＤ推進協議会」の設立

大牟田市が取り組む ESD に賛同された，様々な市民，地域団体，地元企業，個人等多様なステークホルダーによって「大牟田市 ESD 推進協議会」が平成29（2017）年に設立され，学

校，地域団体，企業等が子供たちと協働して地域社会全体で持続可能なまちづくりに取り組んでいる。（会長：宮田忠雄　前教育長）

＜賛同された主な団体等＞

・退職小・中学校長会　・大牟田市文化連合会
・駛馬地区社会福祉協議会　・大牟田市立図書館
・ネイチャーガイド・おおむた「自然案内人」
・大牟田市社会福祉協議会　・大牟田市柳川信用金庫
・大牟田市動物園　・大牟田ライオンズクラブ
・大牟田市中央校区まちづくり協議会　等

❾啓発資料作成，市民への啓発

○職員研修用資料

　ユネスコスクールの活性化と ESD 充実のための支援として，「ESD 実践の手引き」「大牟田市のユネスコスクールパンフレット」等を作成し各学校の全教職員等へ配布している。

○ユネスコスクール・ESDリーフレット

　ユネスコスクール・ESD について保護者や市民の方々の理解をいただき，連携しながら教育活動を展開できるように，ユネスコスクール及び ESD について分かりやすく解説した，「リーフレット」を作成し，各学校を通して広く配布している。

○ユネスコスクールのぼり旗・ポスター

　各学校がユネスコスクールとして活動を展開していることを知ってもらうために，大牟田市教育委員会が作成した「のぼり旗：ユネスコスクールのまち　おおむた」「ポスター：ユネスコスクールのまち　おおむた宣言」を各学校で掲示している。また，市内の公共施設や賛同いただいた企業や各種団体等へものぼり旗とポスターを配布している。この「のぼり旗」や「ポスター」を通して，市民の方々もユネスコスクールや ESD に関心を持っていただき，連携がさらに深まっている。

○「FM たんと」での啓発（大牟田・みやま・荒尾のコミュニティFM局）

　FM たんと「キラリ！大牟田市」で，大牟田市内の小・中・特別支援学校が各学校で取り組んでいる ESD の取組を紹介している。

○各学校の実践の発信

・教育委員会のホームページ・フェイスブックによる啓発

　大牟田市教育委員会のホームページ内の「大牟田市 ESD コンソーシアム」「フェイスブック」に ESD に関する市の取組や各学校の情報等をアップしている。

【大牟田市教育委員会 HP：http://www.city.omuta.lg.jp/kyouiku/】

・各学校のホームページ

　各学校のホームページ内に「大牟田市ESD／SDGs実践アーカイブ」を作成しており，ESDとSDGsのゴールごとに整理して，たくさんの実践を紹介している。

○ユネスコスクール便り

　ユネスコスクール担当者会では，平成24（2012）年から毎月1回，ESDに関する情報や各学校の実践を紹介する「ユネスコスクール便り」を作成し，市内の全教職員に配布している。A4サイズで左側には，ESDに関する理論や研修会について，右側には，市内の学校の実践例を掲載している。このユネスコスクール便りは，ESD関連の最新ニュースや研修の案内，各学校での取組などを掲載し，情報を共有することで，教員の知識，指導力の向上を図り，ESDを推進している。また，市内の高等学校にも配布及び掲載を依頼し，情報を共有することでさらに小・中・高の連携した取組の充実を図っている。現在は，SDGsについての情報や実践等についても掲載している。

❿「ユネスコスクール・ＥＳＤ子どもサミット」の開催

　大牟田市内の学校や全国の小・中・高等学校での実践を発表し，交流し合う場として，毎年1月に大牟田市「ユネスコスクール・ESD子どもサミット」を開催している。平成24（2012）年度より子どもサミットを開催しているが，現在は，「ユネスコスクール・SDGs／ESD子どもサミット」と名称を変更し開催している。

　世界遺産学習や郷土学習・環境・福祉・国際理解等のテーマで各学校のESDの取組について発信し，交流を図ることで，お互いの取組のよさを認め合うとともに，他校とつながり，子供たちの学びに広がりと深まりが見えてきている。また，会場ロビーでの各学校のESDの活動の様子を紹介するポスター展示も活用しての発表も取り入れて実施している。子どもサミットでの発表の様子を保護者や市民等，多くの方々が参観され，大きな反響を得ている。

　この子どもサミットを通して，児童生徒はもとより，教職員や保護者，市民の皆様が，大牟田におけるESDの意義や具体的実践についてさらに理解を深める機会となっている。（現在は，ESDに加えSDGsの実践についても発表したり紹介したりしている。）

　令和元（2019）年度は，「未来につなげよう！わたしたちのふるさと」のテーマで，市内小学校3校，宮城県気仙沼市立小学校1校の発表を行った。次に，「大牟田からのメッセージ」のテーマで，小学校2校が東日本大震災で被害にあわれた東北の皆様へ歌のメッセージと中学校1校が学校で取り組んだ活動の収益金を義援金として気仙沼市の学校に贈呈した。最後に，「力をあわせて　よりよい，まちづくり」のテーマで，市内小学校2校，市内中学校2校，市内県立高等学校1校の発表があり，それぞれの学校の取組を交流した。

＜令和元年度の内容＞

開会行事

1　はじめの言葉　　大牟田市教育委員会　教育長　安田　昌則

2　大牟田市長挨拶　大牟田市　市長　関　好孝　様

3　来賓紹介

4　来賓挨拶

　　　文部科学省

　　　環境省

　　　外務省

5　「ユネスコスクール・ESD のまち　おおむた」宣言＜代表児童・生徒＞

6　教育功労者　表彰

ユネスコスクール・ESD／SDGs 子どもサミット（司会は，代表児童・生徒）

1　発　表

　※司会：中友小学校，歴木中学校の代表児童・生徒

　◇オープニング　明治小学校２年生児童「One Little Finger」（英語の歌）

　◇【未来につなげよう！わたしたちのふるさと】

　　　　　①三池小学校　「ふるさと三池をカルタで発信しよう！」

　　　　　②高取小学校　「ホタルツリーを復活させよう！『ホタルプロジェクト』」

　　　　　③明治小学校（５校協働川プロジェクト）

　　　　　　　「宝の海『有明海』を守ろう！僕たち私たち　環境川探検隊」

　　　　　④気仙沼市立鹿折小学校

　　　　　　　「海で復興・未来へつなぐ『気仙沼の魅力』プロジェクト」

　　≪休憩≫　SDGs ゲーム紹介（吉野小学校）

　◇【大牟田からのメッセージ】

　　　　　○東北の皆様へ歌のメッセージ（大牟田中央小学校・明治小学校）

　　　　　○義援金贈呈式（白光中学校から気仙沼市へ）

　◇【力を合わせて　よりよいまちづくり】

　　　　　①田隈中学校・銀水小学校　「地域とつながるフラワープロジェクト」

　　　　　②三池工業高等学校・駛馬小学校・宮原中学校

　　　　　　　　「我がまちの世界遺産を盛り上げる取組」

2　講　評

　　　東京大学大学院教育学研究科附属海洋教育センター

　　　　　　　主幹研究員　及川　幸彦　先生

3　終わりの言葉

⓫「大牟田市ユネスコスクールの日」制定

　平成24（2012）年１月17日に，全ての学校が
ユネスコスクールへの加盟承認を受けたことか
ら，毎年１月17日を「大牟田市ユネスコスクー
ルの日」として教育委員会が制定した。

　平成29（2017）年１月に文部科学省をはじめ
多数の来賓を招いて制定記念式典並びに成果発
表会である「ユネスコスクール・SDGs／ESD
子どもサミット」を開催した。式典では800名

を超える関係者や市民の前で，市内の代表児童生徒が「ユネスコスクールの日制定宣言」を行
った。

「大牟田市ユネスコスクールの日　制定」宣言　平成29（2017）年１月

　私たちは，大牟田に学ぶ児童生徒です。

　１月17日を「大牟田市ユネスコスクールの日」と定めるにあたり，次のことを宣言します。

－　私たちは，人と人とのつながりを大切にします。

－　私たちは，学校から地域へ，地域から世界へ，つながりの輪を広げていきます。

－　私たちは，過去から現在までのつながり，現在から未来へのつながりを大切にします。

－　私たちは，希望ある未来を創るため，学び続けるとともに，自分にできることから行
　　動します。

　各学校においては，「大牟田市ユネスコスクールの日」（１月17日）を含む１週間を「大牟田
市ユネスコスクール週間」として，各学校において「大牟田市ユネスコスクールの日」の趣旨
にふさわしい取組を実施することで，本市におけるSDGs／ESD の一層の充実と市民への啓発
を図ることにしている。各学校では，全校集会，SDGs／ESD 発表会の他，SDGs／ESD の活
動を紹介した展示会等，創意工夫した内容となっている。

⓬「ユネスコスクール・ＥＳＤのまち　おおむた」宣言

　大牟田市は，平成29（2017）年１月市制施行100年を
迎えた。平成30（2018）年１月に開催した「ユネスコス
クール・SDGs／ESD 子どもサミット」では，次の100
年を見据え，学校と家庭と地域が一体となって，持続可
能なまちづくりの創り手としての子供たちを育むために，
ESD を推進するリーディングシティとして，市をあげ
て取り組む「ユネスコスクール・ESD のまち　おおむ

た」を市長が議会，経済界や福祉団体の前で宣言し，全国，そして世界に向けて発信した。

> **「ユネスコスクール・ＥＳＤのまち　おおむた」宣言　　平成30（2018）年1月**
>
> 　私たちは，地球規模の課題を自分の問題として捉え，自分なりに考え，人と人とのつながり，大牟田から世界へのつながり，過去から現在，未来へのつながりを大切にします。
>
> 　そして，持続可能な社会の創り手として，身近で，自分にできることから進んで行動し，誰もが幸福で平和な世界を目指してまいります。

　このように，大牟田市では，ESD を通して，郷土を愛し，誇りを持つとともに，グローバルな視野で身近なことから考え，行動できる子供を育成することで，持続可能な大牟田のまちづくりを目指している。

❸子ども大牟田検定

　ユネスコスクールとして ESD を推進し，持続可能な社会の創り手を育むためには，子供たちが，自分の住んでいる地域のことに愛着を持つことは大切なことである。そのためには，まず，子供たちが自分の郷土について知らなければ郷土愛は育たないと考えている。

　そこで，大牟田のすばらしい自然環境や歴史的財産など，郷土のよさを知り，「ふるさと大牟田」に愛着と誇りを持ち，郷土愛に満ちた子供たちを育むことを目的として，ユネスコスクール加盟申請中の平成23（2011）年より，年2回大牟田の自然や文化，伝統が学べる「子ども大牟田検定（郷土）」を実施している。子ども大牟田検定を実施するにあたり「子ども大牟田検定ガイドブック」を作成・配布し，検定に向けた学習や大牟田の宝を調べる資料として，子供たちが身近に感じ，楽しくより深く学ぶことができるよう工夫している。

　この ESD の一環である「子ども大牟田検定」を通して，郷土の自然や施設，文化等のよさについて，さらに興味・関心をもち，自ら進んで調べようとする意欲が高まってきている。

　また，保護者や市内の高等学校の生徒，市民の方々にも市の広報紙で呼びかけることで，多くの市民の受検希望もあり，子供だけでなく，地域全体が郷土大牟田について学び，持続可能なまちづくりについての気運の高まりにつながっている。

❹世界遺産学習

　平成27（2015）年7月に，市内の三池炭鉱関連資産である「宮原坑」「三池炭坑専用鉄道敷跡」「三池港」が「明治日本の産業革命遺産　製鉄・製鋼，造船，石炭産業」としてユネスコ世界文化遺産に登録され，各学校においては，ESD の一環として世界遺産学習等を通し郷土を愛し，誇りに思う心の育成に取り組んでいる。

各学校においては，教育課程を工夫し，世界遺産学習の充実を図るとともに，全小学校の6年生を対象に世界文化遺産の見学会を実施している。子供たちは，地域で大切に受け継がれてきた歴史・伝統・文化，それを継承してきた人々の営みや願い，大牟田のよさについてまとめ，市内外に発信している。

また，世界文化遺産「宮原坑」が校区にある学校を中心に，子供たちによる世界文化遺産の「子どもボランティアガイド」や施設内外の美化ボランティア等にも取り組み，地域の方々と連携を図りながら，大牟田のまちづくりについて考え，行動する姿が現れてきている。

平成27（2015）年には，「第6回　世界遺産学習全国サミット in おおむた」を世界遺産学習連絡協議会と連携して開催した。

本サミットのテーマとして「時をこえてひととつながり，未来へひろがる〜今　大牟田から始まる　これからの学び〜」を掲げ，世界遺産学習や郷土の学習を通して全国各地の実践を交流することで，参加していただいた方々がつながり，未来を担う児童生徒の育成に向けて交流することを目的とした。また，サミットを通して，世界遺産の認識をさらに深め，郷土を愛し大切に思う心を養うことができたと考える。

当日の午前の部は，3つの小学校における実践発表等と記念講演として，ケンブリッジ大学ウォルフソンカレッジ歴史学者　北川智子氏による「世界遺産としての日本史：歴史を語る方法・目的・意義」の講演を行った。午後の部は，5つの分科会で10の学校等の実践報告と協議会を行った。

⓯海洋教育の推進

平成28（2016）年，大牟田市教育委員会と東京大学海洋アライアンス海洋教育促進研究センターとの海洋教育の「促進拠点」としての連携に関する協定の締結を行った。

これは，東京大学海洋アライアンス海洋教育促進研究センターと緊密に連携を行うことにより，「海を通したESD」と言われる海洋教育の視点（海に親しむ，海を知る，海を守る，海を活用する）によるESDの推進・充実を図るものである。

東京大学海洋アライアンス海洋教育促進研究センターは，東京大学における海に関する教育研究の部局横断的なネットワーク組織である「東京大学海洋アライアンス」の中に設置されており，海洋や船舶の研究開発，青少年への海事知識の普及啓発などを支援してきた日本財団と連携して，学校における海洋教育の普及・充実を図ることを目的に調査，研究人材育成事業等を進める研究・実践センターである。

さらに，令和2（2020）年，大牟田市における海洋教育のさらなる推進のために，東京大学大学院教育学研究科附属海洋教育センターと海洋教育の「研究拠点」としての連携に関する協

定の締結を行った。

　現在，大牟田市海洋教育推進校として，みなと小学校，天領小学校，駛馬小学校，天の原小学校の４校が海洋教育に取り組んでいる。

　大牟田市で進める海洋教育においては，大牟田の地域の自然や文化の特徴を生かした２つの点から実践に努めている。

　１点目として，子供たちが，日本有数の干潟をもつ「宝の海有明海」の豊かな自然と恵みを知り，海に親しみ，森・川・海の環境を守っていくこと。そして，２点目として，大牟田のまちの発展の礎となった世界文化遺産である「三池港」の歴史や海を通

した世界・他地域とのつながりを知り，海を活用した港湾都市としてのまちづくりへの将来的なビジョンを持つことを大きなコンセプトとして取り組んでいる。

　また，推進校であるそれぞれ４つの学校が，市内を流れる「諏訪川」の山に近い学校や上流域と中・下流域の学校，そして「三池港」近隣に位置するという立地状況を生かした学校が，森と川と海をつなげた流域での海洋教育（デルタ型海洋教育）を推し進めてきたところである。各学校がそれぞれの学校の特色を生かした実践を行うとともに，４校合同による実践や学習交流を行いながら，子供たちの「海と共に生きる」ことへの学びを深めるとともに，４校の子供たち同士のつながりも深めてきた。

　また，九州の佐賀県唐津市，佐賀県玄海町，鹿児島県南さつま市，鹿児島県与論町，沖縄県竹富町の５つの市町の学校と交流しながら，さらなる海洋教育の充実に向けて取り組んでいる。

　さらに，毎年，東京大学で開催されている「全国海洋教育サミット」では，本市の海洋教育推進校の代表児童が，ポスターセッションで各学校の実践を発表し，全国の子供たちと交流している。東京大学での貴重な発表の機会を得た子供たちは，海洋教育についての取組の意欲がさらに高まっている。

⓰文部科学省事業の推進

○「グローバル人材の育成に向けた ESD 推進事業」の採択団体

　平成26（2014）年度から３年間，大牟田市教育委員会は，文部科学省の事業である「グローバル人材の育成に向けた ESD 推進事業」の推進団体として採択され ESD を推進してきた。この事業は，大牟田市教育委員会が中核となり，福岡教育大学の石丸哲史教授をコーディネーターとして，福岡県教育委員会や地元企業や諸団体，そして市内のユネスコスクールがコンソーシアム（共同体）を結成し，一体となって ESD の充実を図ったものである。

　このコンソーシアムの目的は次の３点である。

・市内のユネスコスクールにおける ESD のさらなる充実・深化を図る。

・九州地区を中心とした他の地域や海外のユネスコスクール及びユネスコスクール以外の学校との交流を図り，ESD のさらなる普及発展に期する。

・学校に限らない，広範な ESD の普及を図り，国際的視野を持つ，グローバル人材の裾野を広げる。

　この事業を展開してきた３年間で，ESD に関する教職員の研修会や各学校間の情報交換を通して，市内学校における ESD の充実を図ることができた。また，国内や海外のユネスコスクールとの交流を通して，子供たちの学びに広がりと深まりが見えてきたと考えている。さらに，地元企業や諸団体による出前授業や児童生徒への関連図書の寄贈等，学校に限らない ESD の広がりも出てきた。

○文部科学省の平成30（2018）年度「ＥＳＤの深化による地域のＳＤＧｓ推進事業」と令和元（2019）年度「ＳＤＧｓ達成の担い手育成（ＥＳＤ）推進事業」の採択団体

　大牟田市教育委員会は，文部科学省の事業である，「ESD の深化による地域の SDGs 推進事業」，「SDGs 達成の担い手育成（ESD）推進事業」の推進団体として採択され SDGs ／ESD を推進してきた。この事業は，東京大学大学院教育学研究科附属海洋教育センター主幹研究員である及川幸彦先生を専任講師として，持続可能な社会づくりの構築に向け，SDGs 達成を担う人材の育成を目指し，次の２つの事業を行ってきた。

＜ユネスコスクール・ＳＤＧｓ／ＥＳＤ教育委員会サミット（年２回）＞

　ユネスコスクールや ESD を推進する教育委員会（大牟田市教育委員会と全国の９つの市町の教育委員会）が，各地域の SDGs ／ESD の現状と課題や教員の育成について協議することを通して，各市町村における SDGs ／ESD の推進を図る。

＜ＥＳＤマスターティーチャー養成講座（年５回）＞

　全国及び各地域での SDGs ／ESD のさらなる充実を図るために，本市教育委員会が中心となり，SDGs ／ESD を推進する国内の関係機関・団体等と連携し，学校現場での SDGs ／ESD の推進及び指導等を中核となって担う教員（大牟田市内11名＋全国９名）を育成する連続講座を開催する。

　このような事業を展開してきた２年間で，本事業での学びや気付きをそれぞれの市町や学校における人材育成や取組の充実に生かしていただいた。また，ネットワークを生かした教員同士の交流，児童生徒の交流が行われ，つながりに「広がり」と「深まり」が見られた。

さらに，大牟田市教育委員会の研修会や市内小学校の授業参観や協議，成果発表の場である「ユネスコスクール・SDGs／ESD 子どもサミット」への参加等の機会を得たことで，SDGs／ESD の充実について，子供たちの姿を通して協議を深めることができた。

　令和元（2019）年度に教育委員会サミットに参加した教育委員会（10教育委員会）が，全国の各市町で実施した SDGs／ESD に関する研修会や講演会等は，総計64回で約5,830名の教職員や関係機関，各種団体の方々が参加された。また，令和元（2019）年度にマスターティチャー養成講座に参加した全国のマスターティチャー（20名）が，それぞれが所属する学校の各地域で実践発表・講師を務めた SDGs／ESD に関する研修会は，総計92回で5,760名の教職員，教育関係者，保護者等が参加された。

　このように，本事業により，全国の各学校・地域での SDGs／ESD の推進に少しでも貢献できたと思っている。

❶❼関係団体等との連携・協働

　地域や関係団体と協働に向けた取組を行うためには，多くの市民に ESD や SDGs について理解していただく必要があると考え，大牟田市教育委員会教育みらい創造室の指導主事を中心に，市民を対象とした「ちいき ESD 講座」や関係団体への出前講座の他，市役所職員対象の「ESD 職員研修会」を実施した。

　また，市役所の関係部署や NPO 団体，参画企業に，それぞれの団体での取組を SDGs の視点から，活動の意義等について丁寧に説明を行った。

　このような取組を通して，NPO 団体との連携では，自然とふれあい陸の豊かさに気付くネイチャースクール（5月・10月の年2回）が実施された。参画企業との連携では，市内企業によるエネルギー環境について考える出前授業（各小学校）が実施された。市役所の関係部署・参画団体との連携では，持続可能な消費生活について学ぶ市環境部による出前授業（各小学校）や経済倶楽部との連携による JICA 職員を招いたキャリア教育（各中学校）等が実施された。

＜出前講座を開催した主な関係団体＞
　・小・中・特別支援学校 PTA 研修会　　・大牟田市商工会議所女性会
　・大牟田経済倶楽部　・大牟田市中小企業同友会　・大牟田中央ライオンズクラブ　等

❶❽ＥＳＤ for ＳＤＧs

　本市が市をあげて，ESD を推進していく中で，SDGs についても取り組むこととした。そこで，本市の ESD を通した SDGs の実践について説明する。

　○ＥＳＤとＳＤＧｓについて

　　ESD とは，Education For Sustainable Development を略したもので「持続可能な開発

のための教育」である。

　今，世界には，環境，貧困，人権，平和など，様々な問題がある。

　ESD とは，これからの先の未来のことを考え，行動するための学びである。大牟田市は，学校と家庭，地域などが推進協力し，市をあげて ESD を進め，「持続可能な社会の創り手」を育んでいる。

＜大牟田市の ESD のキャッチフレーズ＞

　　E→いつまでも　　　　　　（いつまでもつづく）

　　S→すばらしいまちへ　　　（すばらしいまち大牟田のために）

　　D→できることから　　　　（できることから考え，行動する）

　SDGs とは，Sustainable Development Goals を略したもので「持続可能な開発目標」のことである。

　平成27（2015）年9月，150を超える加盟国首脳の参加のもと，国連サミットで採択された「持続可能な開発目標」で，2030年までに国際社会が取り組むべき目標である。17の世界共通の目標（ゴール）と具体的な169の取組目標（ターゲット）で構成され，環境・社会・経済のバランスを保ち，「誰一人取り残さない」を合い言葉に，持続可能な社会づくりを目指している。

○ＥＳＤの推進によるＳＤＧｓの達成

　教育はSDGsの目標4に位置付けられており，ESDは目標4の中のターゲット4.7に記載されている。教育については，「教育が全てのSDGsの基礎」であり，「全てのSDGsが教育に期待」しているとも言われている。特に，ESDは持続可能な社会の担い手づくりを通じて，17全ての目標の達成に貢献するものである。であるから，ESDをより一層推進することが，SDGsの達成に直接・間接につながっていく。また，SDGsを，ESDで目指す目標が国際的に整理されたものとして捉えることもできる。

　ESD の活動を進めていく中で，自分たちの様々な活動が，国際的に整理された目標であるSDGsの各目標にどのように貢献しているのかを考えることによって次のような効果が期待できる。

・SDGsによって，自分自身のESDの活動に新たな意義や価値付けを行うことができ，ESDの活動の目標を明確にすることができる。

・SDGsは，人類共通のグローバル目標なので，それを意識してESDの活動に取り組む
　ことは，地域に根差した身近な活動が世界につながることであり，地球規模の課題解決
　に貢献することができる。
　　つまり，各学校においては，SDGsを見据えつつ，学校や地域で足元の課題解決を大切
　にESDを進めていくことが大切である。

○「大牟田版ＳＤＧｓ（Ver.1，Ver.2）」

　　平成27（2015）年，国連で採択された「持続可能な開発のための2030アジェンダ」で宣
言された「持続可能な開発のための目標SDGs」を踏まえ，我が国が抱えている普遍的な
課題や大牟田市独自の課題に対し，これまで市内の各学校が取り組んできている ESD の
実践をもとに，平成29年（2017）年に「大牟田版 SDGs（Ver.1）」を作成した。

　　大牟田市においては，本市の特色や各学校の課題から，SDG 4（質の高い教育をみんな
に）とSDG17（パートナーシップで目標を達成しよう）を基盤目標とし，8つの重点項
目（SDG 3・7・11・12・13・14・15・16）を挙げ，これらのゴールを目指して持続可能
なまちづくりの方向性を示した。これは，本市の ESD の様々な学習が世界の共通の目標
である「SDGs17の目標」につながっていること，そして「誰一人取り残さない」という
理念のもと進めていくことを再確認できるようにしたものである。

　　今後，大牟田版 SDGs を活用しながら，各学校における SDGs／ESD のさらなる充実を
推進し，持続可能なまちづくりを担う児童生徒の育成に努めていきたいと考える。

　　なお，「大牟田版 SDGs（Ver.1）」を改訂し，「大牟田版 SDGs（Ver.2）」を作成してい
るが，Ver.1，Ver.2とも，及川幸彦先生（東京大学大学院教育学研究科附属海洋教育セン
ター主幹研究員）の監修をいただきながら作成しているものである。

<基盤目標>

SDG 4：質の高い教育をみんなに
SDG17：パートナーシップで目標を達成しよう

<重点目標>

SDG 3：すべての人に健康と福祉を
SDG 7：エネルギーをみんなに　そしてクリーンに
SDG11：住み続けられるまちづくりを
SDG12：つくる責任つかう責任
SDG13：気候変動に具体的な対策を
SDG14：海の豊かさを守ろう
SDG15：陸の豊かさも守ろう
SDG16：平和と公正をすべての人に

○「ＳＤＧｓおおむたマップ」の作成

　市内公立の小・中・特別支援学校の各学校の ESD を通した SDGs に関わる重点化した取組をまとめた「SDGs おおむたマップ」を令和元（2019）年に作成した。

　例えば，宅峰中学校では，「学びの旅～地域学習～」をテーマに，持続可能な発展に関する価値観（人間の尊重，多様性の尊重）を学んでいる。そこで，SDG 3「すべての人に健康と福祉を」と SDG11「住み続けられるまちづくりを」の２つの SDG を重点として掲げ実践している。

　このように，各学校の実践テーマと重点の SDG を掲げ，マップとして一覧にまとめ，交流や広報・啓発用として作成したものである。この「SDGs おおむたマップ」は，学校及び市内の公共施設等に掲示し，多くの地域の方々に市内の各学校の取組を知っていただくとともに，世界共通の目標「SDGs17の目標」についても広く知ってもらい，より自分事として身近に感じてもらうことができるように工夫している。

❶⓾ユネスコスクール全国大会の開催（主催：文部科学省，日本ユネスコ国内委員会）

　平成29（2017）年12月に九州では初めてとなる「第９回　ユネスコスクール全国大会／持続可能な開発のための教育（ESD）研究大会」が本市で開催され，900名を超えるユネスコスクール関係者が集まった。

　大会のテーマとして「我が国を最先端の持続可能な社会に―ESD のゴールを目指して―」を掲げ，午前中には，ユネスコ本部（パリ）の教育局ユネスコスクール担当課長であるザビーネ・デツェル氏より「国際的なユネスコスクールの動向を学ぶ」と題して特別講演があった。午後は，10の分科会による各学校や地域による ESD の実践報告とパネルディスカッションが行われた。

＜分科会の内容＞

・第１分科会【ワークショップ】ESD のゴールに向けて―SDGs をゲームで学ぼう―
・第２分科会【ワークショップ】地域素材の活用を学ぼう
・第３分科会【ワークショップ】ホールスクールアプローチを実践しよう
・第４分科会【ワークショップ】グローバル人材の育成にトライしよう
・第５分科会【ワークショップ】世界文化遺産の効果的な学習を実践しよう
・第６分科会【テーマ別交流研修会】防災と ESD
・第７分科会【テーマ別交流研修会】チーム学校と ESD
・第８分科会【テーマ別交流研修会】道徳，心の教育と ESD

・第9分科会【テーマ別交流研修会】ESD をコアにしたカリキュラム・マネジメント
・第10分科会【テーマ別交流研修会】主体的・対話的で深い学びと ESD

　また，大会の最後に ESD 大賞の表彰があり，大牟田市立吉野小学校が文部科学大臣賞を受賞した。吉野小学校区の学校，家庭，地域が一体となり，桜を通したまちづくりの取組に対する評価として，さらに ESD への理解が深まっている。

　大会前日には，ユネスコスクール全国大会で初の取組である，小・中学校による SDGs／ESD の公開授業を吉野小学校・吉野地区公民館を会場に行い，全国から500名を超える参観者があった。また，各学校のユネスコスクールの取組の展示により，大牟田市の SDGs／ESD の活動について多くの方に知っていただいた。さらに，世界文化遺産「宮原坑」の見学会では，「宮原坑」が校区にある駛馬小学校が全国の参加者に，そして，宮原中学校の生徒が，ザビーネ・デツェル氏に英語で「宮原坑」についてガイドを行った。全国の参加者やザビーネ・デツェル氏から，ガイドを務めた児童生徒に称賛の言葉があり，児童生徒の意欲はさらに高まった。

⓴「ＳＤＧｓ未来都市」に選定

　令和元（2019）年に，内閣府より大牟田市は「SDGs 未来都市」に認定された。

　「SDGs 未来都市」とは，SDGs の理念に沿った総合的取組を推進しようとする都市・地域の中から，特に，経済・社会・環境の3側面における新しい価値創出を通して持続可能な開発を実現するポテンシャルが高い都市・地域として内閣府が選定するものである。

　これは，本市がこれまで，「低炭素社会」，「資源循環型社会」，「自然共生社会」等の実現に向けた取組や，ESD による持続可能な社会を創る担い手の育成，認知症の人や家族を地域全体で支える認知症ケアコミュニティ推進事業などに取り組んできたことが評価されたものと考える。

㉑「ジャパンＳＤＧｓアワード」で「ＳＤＧｓパートナーシップ賞（特別賞）」の受賞

　令和元（2019）年12月，国より大牟田市教育委員会は第3回「ジャパン SDGs アワード」で SDGs パートナーシップ賞（特別賞）を受賞することができた。

　「ジャパン SDGs アワード」とは，持続可能な開発目標（SDGs）達成に向けた企業・団体等の取組を促し，オールジャ

パンの取組を推進するため，SDGs達成に資する優れた取組を行っている企業・団体等を，SDGs推進本部として，選定し表彰することを目的に平成29（2017）年6月に創設された。

　本市教育委員会が，SDGsパートナーシップ賞を受賞できたのは，以下の取組等が認められたからである。

＜取組内容＞

　○市内全ての公立小・中・特別支援学校が，SDGsの達成に向けてESD（持続可能な教育）を推進しており，一斉にユネスコスクールに加盟。「大牟田版SDGs」を作成し，市内全ての教職員や市職員，市民に配布。

　○各学校で，SDGsの重点化を図り，子どもたちが自ら地域の課題を見出し，自分で考えて行動する学びを展開。SDGsについて考える授業の実施。

　○各学校のSDGsの重点を地図に表した「SDGsおおむたマップ」を作成。地域との協働活動を展開。

　○毎年1月に，SDGsの達成に向けたESDに関する児童生徒の学習交流の場を，8月に教職員を対象にした実践交流の場を設けている。

＜SDGs実施指針における実施原則（本アワード評価基準）＞

　○普遍性

　　「大牟田版SDGs」でゴールとターゲットを重点化し，持続可能な社会の創り手としての「子ども像」を明確化。どの地域でも応用できる仕組み。

　○包摂性

　　大牟田版SDGsで「誰も置き去りにしない」持続可能な大牟田のまちづくりに向けたビジョンを示している。

　○参画性

　　全ての市立学校においてSDGs／ESDの視点から福祉教育を推進。市民講座，研修会，出前講座等の取組を実施。

　○統合性

　　「大牟田版SDGs」の重点目標から，各学校のSDGsの達成に向けたESDの授業と市役所の各部局が様々な関連事業を展開。

　○透明性と説明責任

　　取組の実践発表，地区公民館の市民講座，研修会の実施，HPや資料での公表等。

　　　　　　　　　　　　　　　　　　　　　　　※外務省：SDGsパートナーシップ賞より

㉒国連大学ＲＣＥへの「ＲＣＥ大牟田」加盟認定

　令和２（2020）年２月に，大牟田市教育委員会は，国連大学が認定する ESD の地域推進拠点である RCE に承認された。

　RCE とは，Regional Centre of Expertise on Education for Sustainable Development の略であり，国連大学が認定・推進する持続可能な開発のための教育に関する地域拠点のことである。国内では，大牟田を含め８地域が RCE に認定されている。

　また，RCE とは，国連大学が推進している，地域で ESD を進めるための拠点で，自治体，教育関係，民間企業，市民団体など団体・機関・組織でネットワークを形成していくものである。

　特に，RCE では，世界各国で ESD に取り組む方たちが交流，協働するための場を提供している。様々な関係者が情報交換や交流を図る場として定期的に世界会議や各地域会議（アジア太平洋地域，アメリカ，欧州，アフリカ）を開催している。このほかオンラインでも情報提供や共有などがなされている。日本国内の RCE 団体の会議や，RCE アジア太平洋地域会合に参加（オンライン Zoom 会議）し，今後，地域社会で ESD を実践する拠点として取り組む内容を協議したところである。

　大牟田市教育委員会は「RCE 大牟田」として，学校教育と地域や様々な関係機関，関係団体が協働して SDGs 達成に向けた ESD の推進にさらに努めていく必要があると考えている。

（3）未来の大牟田への展望

　市内の全公立小・中・特別支援学校がユネスコスクールに一斉に加盟承認され，市をあげて SDGs／ESD に取り組み始めて10年となった。この間，たくさんの講師の方々にご指導いただいたが，特に，東京大学の及川幸彦先生には，10年もの長きにわたり懇切丁寧な指導をしていただくことで，本市の取組が充実してきたものと感謝している。

　また，ユネスコスクール全国大会，世界遺産学習全国サミット，全国海洋教育サミット等の全国規模の大会をはじめ，全国の大学や教育委員会，諸団体の研修会や講演会等で本市教育委員会や各学校の SDGs／ESD に取組を紹介する機会をいただいてきた。

　さらに，全国の大学や教育委員会，市議会議員等による視察で多くの方々に，本市教育委員会や各学校の SDGs／ESD の取組を説明したり，実際の活動を参観していただいたりした。本市の取組が少しでも各地域での実践の参考になり，SDGs／ESD が推進されれば幸いである。

　市をあげて SDGs／ESD に取り組んできた成果として，以下のことが考えられる。
〇地域の課題の解決が地球規模の課題の解決につながることを意識して行動する子供が増えてきた。

○学校における ESD の取組が地域へ広がり，地域と学校が一体となって持続可能なまちづくりに取り組む事例が増えてきた。

○ESD を通して地域のことを考え行動することを学ぶことで，学校と地域とのつながりが深まり，地域行事に参加する子供が増えた。

○各学校が地域の実態に応じたテーマを設定し特色を出し発信することで，学校と地域とのつながりが強くなり，地域の人々が子供を育む姿が多く見られるようになった。

○そして，何よりもうれしいことは，平成22（2010）年に，大牟田市が ESD に取組始めた時の中学校３年生が，ESD を次世代へ継承していきたいと教師を目指し，令和元（2019）年に小学校の教師として本市に着任したことである。

このような中，本市は，令和２年７月豪雨に際し，市内でも甚大な被害を受けた。被災の中で，SDGs／ESD で培ってきたことで感動的なケースも報告された。学校の中でみなと小学校は校舎１階・体育館が浸水した。しかし，学校再開に向け「みなと小のため，持続可能な学校のため」との思いで，市内の教職員，地域の皆様等が作業を続け，わずか１週間で学校を再開することができた。その間，全国のユネスコスクール関係者からの温かい言葉や励まし，支援をいただいたことに感謝している。新型コロナウイルス感染症，豪雨災害の状況ではあったが，今後は，「Build Back Better」（創造的復興）の考えで，さらに人と人との「こころ」のつながりのある温かいまちを目指し，SDGs／ESD による人材育成を進め，持続可能なまち，大牟田を目指していきたい。そして，未来に思いをはせ，自分の考えを持ち，行動できる子供の姿を求め続けていきたい。

資料 大牟田市におけるＳＤＧｓ／ＥＳＤの10年の歩み(2) 〈2016年〜2020年〉

年	2016	2017	2018	2019	2020
市の動き		●市制100周年			●7月豪雨災害
国の動き			●新学習指導要領（持続可能な社会の創り手の育成が掲げられる） ●第3期教育振興基本計画 （第2部目標（1）（4）等でESD, ユネスコスクール, SDGsについて明記される）		
教育委員会の動き			●第9回ユネスコスクール全国大会が大牟田で開催 前日, 吉野小学校でSDGs／ESDの授業公開		
推進組織設立			●大牟田市ＥＳＤ推進協議会設立		
イベント・行事の開催 資料作成			●大牟田市ユネスコスクールの日設定 ●大牟田版SDGsVer.1作成 ●ユネスコスクール・ESDのまち　おおむた宣言 ●ユネスコスクール・SDGs／ESD教育委員会 サミット開催 ●ESDマスターティーチャー養成講座開設 ●SDGsおおむたマップ作成		●大牟田版ＳＤＧｓ Ver.2作成
文部科学省の事業採択 東京大学との連携			●東京大学海洋アライアンス海洋教育促進研究センター協定締結（促進拠点） ●文部科学省ESDの深化による地域のSDGs推進 事業採択	●文部科学省SDGs達成の担い手 育成推進事業採択	●東京大学大学院教 育研究科附属海洋 教育センター協定 締結（研究拠点）
外部からの評価			●第8回ＥＳＤ大賞で吉野小学校が文部科学大臣賞受賞	●ジャパンSDGsアワード／SDGs パートナーシップ賞受賞 ●SDGs未来都市選定 ●日本ESD賞の日本からユネスコへの 推薦案件に選定（文部科学省）	●国連大学RCE 加盟認定

2 学校の取組（持続可能な社会の創り手を育む学校経営）

（1）ユネスコスクール担当者の校務分掌への位置付け

　大牟田市の全ての公立小・中・特別支援学校では，各学校の実態に応じて，ESDを通して育みたい子供像を明確にするとともに，ESDを教育課程に位置付け，SDGs達成に向けたESD充実を図り，持続可能な社会の創り手の育成を目指している。

　そこで，SDGs／ESDの取組を充実させるとともに，学校の取組が継続していくように校務分掌に「ユネスコスクール担当者」を位置付けている。ユネスコスクール担当者は，校内でのESDの推進役として，校内の教職員と連携を密に図りながら，ESDに関するカリキュラムの充実・改善に取り組んでいる。また，地域や関係団体との連絡・調整を図ったり，市内の学校や校外の様々な方々と連携してESD推進のために情報交換を行ったりしている。

　さらに，各学校の担当者からなる「ユネスコスクール担当者会」を組織し，大牟田市の校長会の担当が会長，教頭会の担当が副会長を務め，担当者の中から部長，副部長，推進員を決めている。ユネスコスクール担当者会では，市教育委員会が主催して定例会を実施し，各学校の取組の情報交換や大牟田市全体のESDの充実に向けて研修の機会を設けたり，研修会の運営についても協議したりしている。

　具体的には，各学校におけるユネスコスクールの取組が継続・発展していくように，毎年，大牟田市で実施している教職員のESDの実践の学び合いの場である「ユネスコスクール・SDGs／ESD実践交流会」や市内外の子供たちのユネスコスクールにおける成果共有の場である「ユネスコスクール・SDGs／ESD子どもサミット」の運営を行っている。また，ユネスコスクール担当者が，ユネスコスクール便りを月1回発行し，SDGs／ESDの最新の情報を発信したり，各学校の取組を紹介したりして，各学校の実践に生かせるように全教職員に配布している。このユネスコスクール便りは，市内の高等学校等にも配布している。

「ユネスコスクール担当者会」の組織　　　　ユネスコスクール便り

（2）ＳＤＧｓ／ＥＳＤの年間指導計画

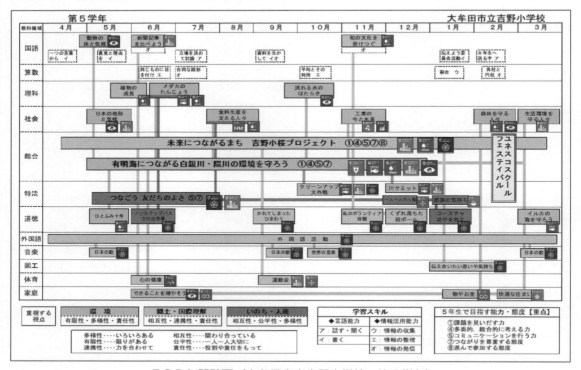

ＥＳＤ年間計画（大牟田市立吉野小学校　第５学年）

　ＥＳＤの実践においては，各教科における個々の学習が，子供たちの内面でつながり，獲得する知識や能力がつながる教科横断的な学習を展開し，ＥＳＤを通して学校で目指す子供像に迫っていくことが大切である。

　そこで，各学校においては，ＥＳＤ年間計画を作成し，各学年におけるＥＳＤに関わる学びのつながりを可視化している。

　ＥＳＤ年間計画作成にあたっては，ＥＳＤのメインフィールドとなる生活科・総合的な学習の時間における各学校で設定しているテーマ・領域から，各教科の学習内容を整理し，内容面，方法面からのつながりを「強化」「付加」「補完」の視点から明らかにし，可視化していく。加えて，学習内容とＳＤＧｓとの関連を意識できるように関連するＳＤＧｓを位置付けている。吉野小学校においては，教科横断的に資質・能力を育成していくために，全ての学習の基盤となる「言語能力」と「情報活用能力」を国語科，算数科を中心に位置付け，子供の学びが他教科にわたる生きた学びとなるように工夫されている。

　さらに，このＥＳＤ年間計画は，実践を通して，付加・修正しながら，よりよいものにつくり替えていくことが，ＥＳＤの取組の充実・発展に欠かせない。

（3）子供の学びが連続・発展するストーリーマップ（単元計画）

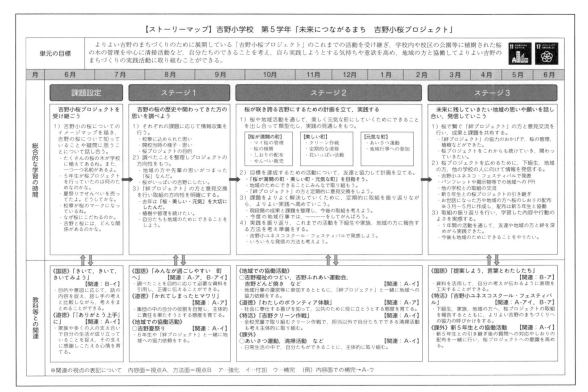

【ストーリーマップ】吉野小学校　第5学年「未来につながるまち　吉野小桜プロジェクト」

ストーリーマップ（大牟田市立吉野小学校　第5学年）
※関連の視点の表記（内容面＝視点Ａ，方法面＝視点Ｂ，ア…強化，イ…付加，ウ…補完）

　各学年の ESD 年間計画をさらに具体化し，見通しを持って指導にあたることができるように，単元ごとにストーリーマップ（単元計画）を作成している。

　ストーリーマップ作成にあたっては，教材分析をもとに学習目標を設定した後，子供たちの学びが連続・発展する探究的な学びを展開していくことが大切である。そこで，子供たちが課題を自分事として捉え，主体的に課題解決活動に取り組むことができるように，子供たちの意識の流れを大切にしながら，活動における気付きや質の高まりを考慮して活動を構成していく。その際，学習のまとまりであるステージを複数設定し，ストーリー性のある単元の学びの実現を目指していく。

　また，ストーリーマップ作成にあたっては，ESD を通して育まれる資質・能力は，活動を通して育まれることから，「多面的・総合的に考える力」や「コミュニケーション能力」等を育む活動を意図的に位置付けている。さらに，ESD 年間計画をもとに他教科との関連を内容面・方法面から検討し，つながりのある学びを実現していく。例えば，国語科で学んだ「話す，聞く」での学びを調査活動で生かして「強化」したり，理科の「植物の生長」を関連付けた学

びを生かし，校区の桜が減少していることから生命の有限性についての考えを「付加」したり，道徳科において，桜を通したまちづくりへの自分の関わりや地域の方々の思いや行動を重ねながら学校や地域に対する自分の考えを見つめ，自己の生き方を「補完」したりすることで，教科横断的な学びが実現し，ESD を通して学校で目指す子供像に迫っていくことができる。

　このようなストーリーマップ作成を通して，子供たちの学びが，ドラマのあるストーリーとして展開することによって，持続可能な社会の創り手としての価値観を涵養し，自分なりに考え，行動する子供たちの姿を目指している。

（４）地域との交流における４つのパターン

　ESD の学びにおいては，地域とのつながり，関わりが欠かせない。（Ⅰ）学習を通して考えたことや思いや願いについて，子供たちから地域へ発信する。（Ⅱ）地域の方々や関係機関と連携し，課題解決に必要な知識や技能を専門家や地域の方から学ぶ。（Ⅲ）専門家や地域の方々と交流し，自分たちの活動のよさを実感したり，アドバイスを受けて活動を修正したりする。

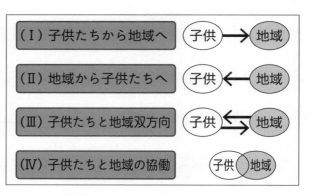

地域とのつながり４つのパターン

（Ⅳ）地域の方々と活動の目的を共有し，それぞれの立場で目的達成に向けて協働する活動を子供たちの発達段階や活動の目的，子供たちのニーズに応じて取り入れていく。

　以上のような，地域の方々と共に学んでいく活動を通して，子供たちが，地域のよさや地域の方々の温かさを実感するとともに，地域への理解を深めていくことができる。このような活動で育まれた地域への理解に基づく郷土愛や郷土への誇りが，持続可能な社会の創り手に育まれていくことが重要である。さらに，地域の方々の反応や課題解決を通して地域に何らかの変化をもたらすことができたという子供たちの喜びや手応えは，その後の持続可能な地域づくりにつながる行動の原動力になっていく。

（５）子供の学びの充実に向かう体験的活動について

　ESD の学びにおいては，子供たちが，体験的活動を通して，ひと・もの・こととのつながり，関わりについて理解し，持続可能な社会づくりへの価値観と行動の変革を目指す。

　そこで，学習過程の各段階に積極的に体験的活動を取り入れ，子供たちの主体的な探究活動を展開することが大切である。体で感じ，考えながら情報を収集し，取捨選択し，考えを再構成していくことで，思いの込もった根拠のある考えをつくり出すことができる。これらのことは，友達や地域の方々等との交流の活性化につながり，子供たちに，持続可能な社会の創り手

に必要な思考力・コミュニケーション力等を育むことができる。

　具体的には，探究の過程の各段階に積極的に体験的活動を取り入れる。課題を見出す「課題設定」においては，体験やＧＴ（ゲストティーチャー）との出会いを通して「何のために」「何を」「どのように」学ぶかについて，教師と子供で共有する。次に，自分の考えとその根拠をつくる「情報収集」においては，課題解決のために，各教科で身に付けた知識・技能を発揮しながら，友達や地域の方々と意見交換等しながら，体験的に調査活動等を進め，自分の考えをつくっていく。さらに，考えを再構成する「整理・分析」においては，収集した情報を取捨選択し，体験的活動を通してつくった考えについて，根拠を明らかにしながら話し合い，考えを再構成していく。そして，自分の見方・考え方・行い方のよさを実感する「行動・発信・振り返り」において，子供たちは，目的意識・相手意識を明確にして表現方法を吟味したり，自分の考えや思いを地域，他校へと発信するとともに，学習を振り返り，学習内容や行動のよさ，自己の変容を実感したりする。

　このように，体験的な学びを取り入れ，子供たちが，自分事として課題と向き合い，主体的な課題解決活動を通して，持続可能な社会の創り手に必要な価値観を涵養し，必要な資質・能力を育んでいくことができる。

（6）価値観，行動の変革を期待する学びづくり

　ESD では，持続可能な社会の創り手としての価値観を醸成し，持続可能な社会に関わる課題を見出し自分なりに考え，行動する子供たちを育むことが大切である。そこで，学校の実態に応じて，持続可能な社会の創り手に必要な資質・能力を明らかにし，取組を進めていくことが大切である。

　また，SDGs において，教育は，目標4のターゲット4.7に記載されており，「教育が全てのSDGs の基礎」であり，「全ての SDGs が教育に期待」しているとも言われている。（2017年，日本ユネスコ国内委員会）

　そこで，学校においては，SDGs を見据えつつ，学校や地域で，足元の課題解決を大切に，地球規模で考え，身近な課題について，考え行動する（Think Globally, Act Locally）子供たちを育んでいくことが大切である。

（7）ユネスコスクールとしての各学校における取組

　大牟田市の公立の全ての小・中・特別支援学校は，ユネスコスクールに加盟し，SDGs 達成を目指した ESD を推進している。各学校においては，学校や地域の特色を生かして，「地域学習」「世界遺産学習」「福祉」「環境」「海洋」「国際理解」等，様々にテーマを設け，身近な課題について学習することを通して，自分の問題として捉え，自分にできる身近なことを考え，行動できる子供を育てている。

大牟田市の小・中・特別支援学校で取り組んでいる SDGs の重点をまとめた「SDGs おおむたマップ」を俯瞰してみると大牟田市においては，少子高齢化，人口減少という現況にあり，「SDG 3 すべての人に健康と福祉を」「SDG11住み続けられるまちづくりを」を重点として取り上げ ESD に取り組んでいる学校が多く見られる。また，「SDG11住み続けられるまちづくりを」に向けてスタートした取組が，「SDG15陸の豊かさも守ろう」に向けた取組や「SDG13気候変動に具体的な対策を」の取組に広がったり，空間を越え「SDG 1 貧困をなくそう」や「SDG 3 すべての人に健康と福祉を」と地域から世界に向けた取組へ広がったりと 1 つの SDGs から，課題が発展し，いくつかの SDGs をつなげた取組が生まれている。

　以上のように各学校や地域の特色を生かして，テーマを設け，身近な課題について解決する学びを通して，自分なりに考え行動する子供の育成を目指している。

ＳＤＧｓおおむたマップ（2019年）

（8）ＳＤＧｓについての学び

　SDGs は，ESD で目指す目標が整理されたものとして捉えることができることから，ESD の活動を進めていく中で，自分たちの様々な活動が，国際的に整理された目標である SDGs の各目標にどのように貢献しているのかを考えることによって次のような効果が期待できる。（東京大学大学院　及川幸彦氏の講演資料より）

　①　SDGs によって自分自身の ESD の活動に新たな意義や価値付けを行うことができ，ESD の活動の目標を明確にすることができる。

　②　SDGs は人類共通のグローバル目標なので，それを意識して ESD の活動に取り組むことは，地域に根差した身近な活動が世界につながることであり，地球規模の課題解決に貢

献することができる。

これらのことを踏まえ，学校においては，ESD を取り組んでいく中で，それぞれの個々の取組と SDGs のつながりを明らかにして取組を進めるとともに，SDGs そのものについて理解を深める学びを進めている。

具体的には，これまでの ESD の学びと SDGs のつながりについて考え，取組の意義付けを図ったり，今後どんなことに取り組んでいくか行動計画を立てたりしている。

大牟田市立吉野小学校の６年生の子供たちは，学校の友達に，もっと SDGs を身近に楽しみながら考えてほしいと「吉野小学校 SDGs プレーパーク」を開催した。手作りの「SDGs すごろく」や「SDGs あみだくじ」，「SDGs コリントゲーム」，校内の植物を使った「SDGs オナモミダーツ」，「SDGs どんぐりごろごろ」など工夫を凝らした SDGs ゲームを紹介した。これらのゲームを楽しんだ後

吉野小ＳＤＧｓプレーパーク

は，それぞれのゲームでたどり着いた SDGs のアイコンについて，「自分のできること行動宣言」をし，アクションを起こすことを約束し，行動化を図っている。

このように，子供たちが，SDGs を身近に感じ，自らの生活に取り込むことができるように工夫している。現在では，子供たち一人一人が目指すゴールを自己決定してステッカーを貼り，自分が取り組む行動を書き込んでいく「未来への SDGs パスポート」の取組が市内の学校で少しずつ広がっているところである。

（9）「ユネスコスクールの日」の取組

大牟田市では，全ての小・中・特別支援学校がユネスコスクールに加盟したことを記念し，毎年１月17日を「大牟田市ユネスコスクールの日」としている。

各学校においては，「ユネスコスクールの日」を含む１週間を「大牟田市ユネスコスクール週間」として，本市における SDGs／ESD の一層の充実と市民への啓発を図ることを目的として，様々な工夫した取組が行われている。

学校では，「ユネスコスクール記念集会」を

「ユネスコスクール記念集会」の様子

実施し，学校長による「ユネスコスクールの日」の趣旨説明や学校におけるSDGs／ESDの価値付け，各学年のSDGs／ESDの成果発表，6年生による○○学校版SDGsの提案等，工夫した取組が行われている。

　子供たちは，「ユネスコスクール記念集会」の取組を通して，SDGs／ESDに取り組む意義について改めて考えたり，1年間の取組の成果を共有したりして，達成感，成就感を味わい今後のSDGs／ESDの実践に向けて意欲を高めている。

　また，SDGs／ESDの学習で学んだことやこれからのまちづくりについての考えや思いを発信する場として，「児童生徒による取組の発表」や「SDGs／ESDパネル展示会」を企画している。参加された地域の方や保護者からは，「最近SDGsとよく耳にするようになったけれど，よく分かりました。」「子供たちが，こんなにがんばっているのだから，私たちも考えて行動しないといけない。」「子供たちの取組を応援していきたい。」などの感想が聞かれ，地域や保護者へのSDGs／ESDの啓発が進んできている。

　地域・保護者と連携した取組を推進していくためには，まずは，SDGs／ESDについての理解を深めていただくように啓発していくことが大切である。また，「ユネスコスクール週間」の取組は，SDGs／ESDを通して目指す子供の姿を地域や保護者に発信し，理解を深めていただく絶好の機会となっている。

ＳＤＧｓ／ＥＳＤパネル展示会

(10) 市内のユネスコスクールとの交流

　持続可能な社会の創り手を育んでいくためには，ESDの学びが，学校内や校区で完結することなく，他校とつながり，交流を推進していくことが大切である。他校との交流は，互いのよさに学び，ESD充実のための新たな視点を獲得したり，成果や課題を共有することにより協働意識を生み出したり，自らの取組のよさや地域のよさを再認識したりすることにつながる。

　例えば，大牟田市内では，類似のテーマを設けて「SDG11住み続けられるまちづくりを」を目指している2校が，取組や成果等を交流している。コロナ禍にある本年度は，オンラインでの交流を効果的に取り入れて，ESDの充実を目指している。

　また，大牟田市の西に広がる宝の有明海を守るために，有明海や有明海に注ぐ河川の流域にある4校が連携して取り組む森・川・海をつないだ「海洋教育」や大牟田市を流れる5水系の河川の山間部，市街地等，環境が異なる流域にある5校が協働で「川プロジェクト」を進めている。

　さらに，世界文化遺産を生かしたよりよい持続可能なまちづくりを目指し，同じ中学校区に

ある小学校・中学校・高等学校が連携してプロジェクトを立ち上げ，「社宅 DIY プロジェクト」「花いっぱいプロジェクト」「ヤマ（炭鉱）の祭典」等の取組を進めている。

(11) 全国のユネスコスクールとの交流

　市内での交流の他に SDGs／ESD の充実を目指して，全国のユネスコスクールとの交流を進めている。全国の学校と SDGs／ESD での学習について交流することは，他地域の文化や取組の多様性に触れ，お互いのよさを学び合うとともに，他地域に発信し，交流することで，自分たちの地域や取組のよさについて自覚を深めていくことにつながっている。

　そこで，大牟田市では，全国のユネスコスクールと交流を深めながら SDGs／ESD の充実を目指している。大牟田市立上内小学校，大牟田市立白光中学校は，東日本大震災後に自分たちにできることはないかと子供たちが考え，スタートした交流が現在も続いている。

　上内小学校では，地域のよさである豊かな自然の中で，米を栽培し，収穫した米を近くの道の駅で販売し，その収益金を気仙沼市の小学校に義援金として届けている。また，両校の子供たちは，地域のよさを知ってもらいたいとお互いに学習の成果物の交流等を通して，学び合い，つながりを深めている。

　白光中学校の「HAKKO クッキー社」は，震災後の平成24年に，被災地のために自分たちにできることをと生徒たちの手で立ち上げたボランティアである。「HAKKO クッキー社」は，地域とのつながりを大切にし，地域のイベントなどでクッキーを販売し，その収益金を気仙沼市や被災地に毎年届けている。

　大牟田市は，令和2年7月豪雨による被害を受けた。その中でも大牟田市立みなと小学校は，1階部分が浸水し，大きな被害を受けた。災害後，みなと小学校には，市内の学校のみならず，

みなと小学校に届けられた寄せ書き

全国のユネスコスクールからたくさんの温かい支援が届けられ，子供たち，教職員の大きな励みになった。さらに，豪雨災害の際に温かい支援をいただいた奈良教育大学ユネスコクラブの学生とつながりが生まれ，世代を超えた交流が，継続して続いている。

　このように，全国のユネスコスクールの仲間との交流は，全国との仲間とのつながりを深めながら，お互いの取組や地域のよさを認め合ったり，自分たちの地域のよさを再認識したりすることができ，SDGs／ESD の充実に向けて重要であると考える。

(12) 海外の学校との交流

　大牟田市の学校においては，海外の学校との交流も進めている。様々な地球規模の課題を解

決していくためには，世界的な視野や多様な文化や歴史を持つ仲間との協働が不可欠である。そこで，持続可能な社会の創り手に必要な価値観やつながりを持つことのすばらしさを実感することができるように，例えば「アートマイル国際協働学習プロジェクト」（一般財団法人ジャパンアートマイル）等を活用しながら，海外の学校との交流を進めている。

　大牟田市立大牟田中央小学校では，日本とは地球の裏側にあるペルーとの交流を進めている。お互いの国の文化や生活，学校の様子をオンラインを活用し，お互いを知ることから交流はスタートした。さらに，お互いの共通の願いであった「平和」をテーマにデザイン等について交流し，1枚の壁画を協働で完成させた。子供たちは，遠い国の友達と協働で壁画を完成させて達成感を味わい，今まで遠い国であったペルーを身近に感じ，つながりを深めることができた。

大牟田中央小学校とペルーのテレビ会議

　大牟田市立大正小学校では，南の海に浮かぶマーシャル諸島の学校との交流を行った。お互いの国や地域を紹介し合う中で，地球温暖化の影響により，高波の被害を受けていることや水没の危機にあることを知った。地球温暖化を少しずつ理解し始めていた子供たちは，衝撃を受け，遠い国の友達と「地球温暖化」という課題を共有し，「STOP　地球温暖化」をテーマに壁画を作

「STOP　地球温暖化」完成した壁画

成することになった。自分事として課題を持った子供たちは，地球温暖化の原因や食い止める方法について意欲的に調べ，地球温暖化を食い止めるための「親子宣言」を作成するなど，自分たちにできることを考え，行動することができた。そして，遠い国の友達と協働で作成した壁画を見て，子供たちは，充実感に満ちあふれていた。

　このように，海外の学校との交流は，遠い離れた国の友達と地球規模の課題を共有しながら，世界的視野を獲得するとともに，自分ができる行動へとつながっている。

CHAPTER

3

実践編

学校における
SDGs／ESDの
授業事例

（1）本校のＥＳＤの特徴

　本校区は，大牟田市北東部に位置し，校区北部は丘陵地帯が広がり自然豊かな地域である。また市中心地に通じる幹線道路が交差し商店街や住宅地を有するにぎわいのある地域でもある。しかし，まち全体として少子高齢化が進み，新たなまちづくりが課題である。

　そこで本校では，ユネスコスクールとして，SDG11「住み続けられるまちづくりを」とSDG17「パートナーシップで目標を達成しよう」を中核に，子供たちが主体的に地域と関わり，よりよい吉野のまちづくりに取り組む「未来につながるまち　吉野小桜プロジェクト」を展開している。そして，ESDを通して，地域に対する愛情と誇りを育み，地域と協働しながらよりよい地域の未来を描き，自分なりに行動できる子供たちを育んでいる。

（2）教材について

　「吉野の桜」は，学校の校章にも取り入れられ，開校当時より学校，地域のシンボルとして大切にされてきた樹木である。この吉野の桜を生かした，よりよい吉野のまちづくりを目指し学校と地域住民による協働した具体的活動として，桜の植樹やその管理活動をはじめ，校区の清掃活動や挨拶運動など，様々な協働活動につながっている。

　そこで本校では，この桜プロジェクトが子供たちにとって主体的によりよい吉野のまちづくりのためにがんばろうとする意欲やまちづくりへの参画意識を高め，自分たちが考えたことを地域と協働し吉野のまちで実践（行動）できる教材として，さらにはグローバルな視点から持続可能なまちづくりを担う子供の育成に資する教材として位置付けている。

（3）本実践で目指すＳＤＧｓ

　地域のシンボルである桜を通じたまちづくりを通して，地域に脈々と受け継がれている地域の方の思いや願いに触れ，地域への誇りを育み，支え合いつながる吉野のまちづくりに主体的に取り組む子供を育みたい。このような実践で，SDG11「住み続けられるまちづくりを」に貢献できると考える。

　学校と地域でまちづくりの目標を共有し，課題解決に向けた地域の方との協働活動を通して，多様な人とつながり支え合う子供を育みたい。このような実践で，SDG17「パートナーシップで目標を達成しよう」に貢献できると考える。

（4）単元の指導計画（ストーリーマップ　pp.068-069参照）

❶授業づくりのポイント

　課題設定では，プロジェクトの名前にもなっている「吉野の桜」について，子供たちの思いや疑問を自由に出し合い，プロジェクトに対する課題意識を明確にする。ステージ１，２では，地域の方への取材や意見交換，さらには桜の管理や植樹，地域の清掃活動など，様々な交流や協働活動を展開し，地域の方と吉野のまちへの思いや願いを共有し，地域のために行動できるようにする。そしてステージ３では，様々な実践活動を通して育んだ自分たちの思いや願いを下級生や地域の方へ伝えるために，思いや願いの発信の場や桜の花びらの押し花しおりの作成・配布（優しさの発信）を通して，広く地域に貢献する達成感を味わうようにする。

❷単元目標

○桜が咲き誇る元気で明るい吉野のまちを目指そうという課題を持って，桜の植樹や管理，地域の清掃活動などに取り組むことを通して，地域のために活動することの価値を捉えるとともに，吉野のまちづくりに係る取組を実践することができる。　　　　　　　　　（知識及び技能）

○学校や地域での様々な実践に取り組んで分かったことや考えたことについて，自分たちの目標達成の視点から，情報の整理・分析や今後の実践との関係づけをしたり，取組状況や成果等を分かりやすく伝えるために，目的や相手に応じて図表やマップなどを効果的に使って表現したりすることができる。　　　　　　　　（思考力，判断力，表現力等）

○元気で明るい吉野のまちづくりに向けて，桜の管理や植樹に係る取組を中心に，地域の清掃活動や地域行事への参加など，自分にできることを考え，友達や地域の方とよりよく協力して実践していくことができる。　　　　　（学びに向かう力，人間性等）

（5）学習活動の実際（特徴的な活動）

❶吉野のまちづくりについて意見交換をする

　子供たちは，まず，地域の方や桜プロジェクトを実践してきた６年生を取材し，吉野のまちの歴史や様々な人々の吉野のまちへの思いや願いを知り，活動への意欲を高めた。そして，地域の方と意見交換を通して，「桜が咲き誇る元気で明るい吉野のまちづくり」という目標を共有し，考えた取組について，地域の方に助言をいただきながら，目標達成に向けた

地域の方と意見交換する子供たち

取組の活動計画を具体化していった。

　この地域の方との意見交換を通じて，子供たちは吉野のまちづくりに対する地域の方の思いや願いの強さを改めて知るとともに，自分たちに対する期待を感じ，吉野のまちづくりに対して自分事として取り組んでいこうとする意識を高めた。

❷地域の方と１年を通じて桜の管理・植樹等の活動に取り組む

　元気で明るい吉野のまちのシンボルである「桜」に係る取組については，毎年，地域の方と年間を通じた協働活動を展開している。

　子供たちは，学校の桜の木を中心に「マイさくら」を決めて，責任を持って桜の木の観察を地域の方と定期的に実施した。桜の木の成長の様子や健康状態（病気や害虫の発生状況）について，地域の方から専門的な助言を得て害虫等の駆除や剪定を一緒に行った。また，年２回の施肥として，２月上旬の「寒肥」や５月の「お

地域の方と桜に寒肥をする子供たち

礼肥」を行うとともに，１月下旬には桜の苗木の植樹を校内や地域で積極的に行った。

　そして，これらの活動を支える取組として，吉野校区総合まちづくり協議会の協力を得て，地域行事の「吉野の夏祭り」「吉野ふれあい運動会」「吉野どんど焼き」などにおいて，桜プロジェクトの紹介とあわせて「桜せんべい」の販売や募金活動を行い，桜の木の管理や植樹にかかる費用を得ていった。

　これらの活動を通して，子供たちは，桜を通したまちづくりへの意識を高め「もっと育ってほしい」「たくさんのきれいな花を咲かせてほしいな」等，吉野のまちが桜でいっぱいになることを願っていた。

❸地域での清掃活動にも主体的に取り組む

　子供たちが桜でいっぱいの吉野のまちを思い描いたとき，地域の公園に雑草が生い茂る現実に触れた。子供たちは，「美しい吉野のまち」を目指して，これらの場所をどのようにするか計画を立てた。

　そこで，公園に生い茂る雑草は，子供たちだけでは手に負えないことから，地域の方に雑草を刈ることを依頼し，刈り取っていただいた雑草を子供たちが集めた。子供たちは，きれいになった公園に立つ

地域の方と公園の清掃をする子供たち

先輩が植樹した桜の木を嬉しそうに観察していた。また，学校の掃除の時間も活用して正門前の神社の境内のごみ拾いや落ち葉の清掃をしようと自分たちで計画を立て，「美しい吉野のまち」の達成を目指している。

❹下級生や地域の方へ吉野のまちづくりについての思いや願いを発信する

本校では毎年，3学期の2月に「吉野小ユネスコスクール・フェスティバル」を開催し，保護者や地域の方に案内をして，自分たちの取組の成果やこれからの行動について情報発信，取組啓発の場を設けている。

子供たちは，桜プロジェクトの取組を発信し，「地域の方と一緒に植樹ができて嬉しかった」と地域の方と協働活動ができた喜びや感謝，「10年後，20年後の吉野のまちが桜で満開になるといいな」と高まった吉野のまちに対する思いや願いを発信することができた。

また，プロジェクト終了を3月から新年度の6月に移動し，満開の桜を通して，地域の方と一緒に達成感を味わったり，桜の花びらの押し花しおりの作成・配布をして地域の方への感謝の気持ちを伝えたりした。このプロジェクトのシンボルである桜の花を生かした押し花の取組は，今後，様々な活動への広がりが期待できると地域の方からも大きな期待が寄せられている。

（6）児童の変容

「未来につながるまち　吉野小桜プロジェクト」では，自分たちの吉野のまちが，桜が咲き誇る元気で明るいまちになることを目標に，5月の地域の方への取材，プロジェクトの活動を具体化する意見交換，1年を通した桜に係る様々な取組，さらには地域での清掃活動など，常に地域の方との協働活動を取り入れ学習を進めてきた。このことにより，地域の方の吉野のまちに対する思いや願いをもとに自分たちへの期待を感じ，自ら課題を見出す力，他者とよりよくコミュニケーションを行う力，つながりを尊重する態度を育み高めることができた。また，地域の一員としての自覚を持ち主体的に地域の行事に参加し，行動する子供たちが育ってきている。

（7）さらなる実践の充実に向けて

これまで桜プロジェクトでは地域の方と様々な協働活動を展開してきた。その結果，子供たちは地域とのつながりを深め，自分なりにまちづくりのために行動することができた。さらに，SDGsをより意識した実践へと充実させるために，次のことに取り組む必要があると考える。

①　SDG11の取組の達成感の共有を広げるための同じ内容で実践している他校との交流
②　児童の課題意識をより持たせるための新旧の5年生児童間の引き継ぎの充実
③　地域とのつながりを深め，桜を通したまちづくりをさらに進める新たな実践の開発

【ストーリーマップ】吉野小学校　第5学年

単元の目標	よりよい吉野のまちづくりのために展開している「吉野小桜プロジェク○の木の管理を中心に清掃活動など，自分たちのできることを考え，自ら実○まちづくりの実践活動に取り組むことができる。

月	6月	7月	8月	9月	10月

	課題設定		ステージ1		
総合的な学習の時間	**吉野小桜プロジェクトを受け継ごう** 1）吉野小の桜についてのイメージマップを描き，吉野の桜について知っていることや疑問に思うことについて話し合う。 ・たくさんの桜の木が学校に植えてあるね。また，一つ一つ名前があるよ。 ・5年生が桜プロジェクトを行っていたのは何のためなのかな。 ・夏祭りでせんべいを売ってたよ。どうしてかな。 ・校章が桜のマークになっているね。 ・なぜ桜にこだわるのか。 ・吉野と桜には，どんな関係があるのかな。		**吉野の桜の歴史や関わってきた方の思いを調べよう** 1）それぞれの課題に応じて情報収集を行う。 ・校章に込められた思い ・開校当時の様子・思い ・桜プロジェクトの目的 2）調べたことを整理しプロジェクトの方向性をもつ。 ・地域の方や先輩の思いがつまった「桜」なんだ。 ・桜がいっぱいの吉野にしたい。 3）「絆プロジェクト」の方と意見交換を行い取組の方向性を明確にする。 ・去年は「桜・美しい・元気」を大切にしたんだ。 ・植樹や管理を続けたい。 ・自分たちも地域のためにできることをしよう。		**桜が咲き誇る吉野に** 1）桜や地域活動を通を出し合って類型化 【桜が満開の町】 ・マイ桜の管理 ・桜の植樹 ・しおりの配布 ・せんべい販売 2）目標を達成するた ・「桜が満開の町・美 ・地域のためにできる ・「絆プロジェクト」 3）課題をよりよく解ら，よりよい実践へ ・現段階の成果と課題 ・今度の地域行事で 4）実践を振り返り，る方法を考え準備を ・吉野小ユネスコスク ・いろいろな発信の方
教科等との関連	《国語》「きいて，きいて，きいてみよう」 【関連：B-イ】 ・目的や意図に応じて，話の内容を捉え，話し手の考えと比較しながら，考えをまとめることができる。 《道徳》「『ありがとう上手』に」 【関連：A-イ】 ・家族や多くの人の支え合いで自分の生活が成り立っていることを捉え，その支えに感謝しこたえる心情を育てる。		《国語》「みんなが過ごしやすい　町へ」　【関連：A-ア，B-アイ】 ・調べたことを目的に応じて必要な資料を引用し，正確に伝えることができる。 《道徳》「かれてしまったヒマワリ」 【関連：A-ア】 ・集団の中の自分の役割を自覚し，主体的に責任を果たそうとする態度を育てる。 《地域での協働活動》 ○吉野夏祭り　【関連：A-イ】 ・6年生や「絆プロジェクト」と一緒に地域への協力依頼をする。		《地域での協働活動》 ○吉野福祉のつどい，吉野どんど焼き　な ・地域行事の運営等に参協力依頼をする。 《道徳》「わたしのボラ ・社会に奉仕する喜びを 《特活》「吉野クリーン ・全校児童で取り組むくも考え主体的に取り組 《課外》 ○あいさつ運動，清掃 ・日常生活の中で，自分
	※関連の視点の表記について		内容面＝視点A，方法面＝視点B　ア…強化　イ…付加　ウ…補完		

「未来につながるまち　吉野小桜プロジェクト」

ト」のこれまでの活動を受け継ぎ，学校内や校区の公園等に植樹された桜
践しようとする気持ちや意欲を高め，地域の方と協働してよりよい吉野の

11月	12月	1月	2月	3月	4月	5月	6月

ステージ2

するための計画を立て，実践する

して，美しく元気な町にしていくためにできること
し，実践の見通しをもつ。

【美しい町】	【元気な町】
・クリーン作戦 ・定期的な清掃 ・花いっぱい活動	・あいさつ運動 ・地域行事への参加

めの活動について，友達と協力して計画を立てる。
しい町・元気な町」を目指そう。
ことにみんなで取り組もう。
の方と定期的に意見交換をしよう。
決していくために，定期的に取組を振り返りなが
高めていこう。
を整理し，今後の取組を考えよう。
は，～～～～をしてがんばろう。
これまでの活動を下級生や家族，地域の方に報告す
する。
ール・フェスティバルで発表しよう。
法も考えよう。

ステージ3

　未来に残していきたい地域の思いや願いを話し
合い，発信していこう

1）桜で繋ぐ「絆プロジェクト」の方と意見交流を
　行い，成果と課題を共有する。
　・「絆プロジェクト」の協力のおかげで，桜の管理，
　　植樹などができた。
　・桜プロジェクトをこれからも続けていき，関わっ
　　ていきたい。
2）桜プロジェクトを広めるために，下級生，地域
　の方，他の学校の人に向けて情報を発信する。
　・吉野小ユネスコ・フェスティバルで発表
　・パンフレットや掲示物等での地域へのPR
　・他の学校との取組の交流
　・新5年生との桜プロジェクトの引き継ぎ
　・お世話になった方や地域の方へ桜のしおりの配布
　　※3月～5月に作成し，配布は新5年生と協働
3）取組の振り返りを行い，学習した内容や行動の
　よさを実感する。
　・1年間の活動を通して，友達や地域の方と絆を深
　　めがら実践できた。
　・今後も地域のためにできることをやりたい。

吉野ふれあい運動会，
ど　　　　　　　　　　　　　　【関連：A-イ】
加するとともに，「絆プロジェクト」と一緒に地域への

ンティア体験」　　　　　　　　【関連：A-ア】
知って，公共のために役に立とうとする態度を育てる。
作戦」　　　　　　　　　　　　【関連：A-イ】
リーン作戦で，担当以外で自分たちでできる清掃活動
む。

活動　など　　　　　　　　　　【関連：A-イ】
たちができることに，主体的に取り組む。

《国語》「提案しよう，言葉とわたしたち」
　　　　　　　　　　　　　　　　【関連：B-ア】
・資料を活用して，自分の考えが伝わるように表現を
　工夫することができる。
《特活》「吉野小ユネスコスクール・フェスティバ
ル」　　　　　　　　　　　　【関連：A-アイ，B-ア】
・下級生，家族，地域の方へ，桜プロジェクトの取組
　を報告するとともに，よりよい吉野のまちづくりへ
　の協力の呼びかけをする。
《課外》新5年生との協働活動　　【関連：A-イ】
・新5年生との引き継ぎ後の質問への対応やしおりの
　配布を一緒に行い，桜プロジェクトへの意識を高め
　る。

（例）内容面での補完→A-ウ

（1）本校のESDの特徴

　本校は，全校児童137名の小規模校である。本校区は大牟田市の中央部に位置し，商店や飲食店を中心とした商業地区であるが，閉店している商店も多く見られる。また，高齢化が進み，独居高齢者の割合も増加している。このような本校区においては，社会福祉協議会や公民館連絡協議会等の活動が活発で，学校への支援も熱心である。

　そこで，本校においては，持続可能なまちの創り手を育んでいくために，独居高齢者の増加などの地域課題から，高齢者を含む全ての人が安心・安全に，笑顔で暮らすことができるまちづくりを目指して，地域の民生委員・児童委員等と密に連携を図りながら ESD を進めている。

　ESD においては，子供たちが，中友校区の課題を自分の課題として捉え，自分にできることを考え，行動することを通して，持続可能な社会の創り手に必要な資質・能力を育んでいる。

（2）教材について

　「子ども民生委員活動」は，高齢化の進む本校区において，「子供たちが独居高齢者のために役に立ちたい」「できることは他に何かないだろうか」という思いと，将来の地域福祉を担う人材に育ってほしいという地域の願いが重なり，平成22（2010）年からスタートした。

　子供たちは，活動を通して，校区民生委員さんとの関わりから，地域を支える人々の思いや温かさに気付くとともに地域社会を支える行動のすばらしさを実感することができる。また，高齢者の方々との交流を通して，地域社会の一員として，よりよい未来を描き，地域社会のために何ができるか考え，行動していくことができる。さらに，地域の方々とのふれあいを通して役に立てたことを実感し，社会参画の喜びを味わうことができる教材である。

（3）本実践で目指すSDGs

　子ども民生委員活動を行うことを通して，将来の社会福祉について真剣に考え，みんながつながる中友校区づくりに主体的に取り組む子どもを育みたい。このような実践で，SDG 3「すべての人に健康と福祉を」に貢献できると考える。

　地域の高齢者を見守る「ほっとあんしんネットワーク模擬訓練」等の活動を通して，地域の一員として，よりよい地域づくりのために自分ができることを考え行動する子供を育みたい。このような実践で，SDG11「住み続けられるまちづくりを」に貢献できると考える。

（4）単元の指導計画（ストーリーマップ　pp.074-075参照）

❶授業づくりのポイント

　高齢化が進む一方で，地域の福祉を担う人材が減っている中友校区の実態や校区民生委員の方々の地域に対する愛情や誇り等から，地域課題を自分事として捉えさせる。また，課題解決にあたり，校区民生委員や社会福祉協議会の方々など，地域社会を支えている方々との出会いや協働を通して，地域の一員としてよりよいまちづくりに参画する喜びを味わうことができるようにする。さらに課題解決にあたっては，子供たちの思いや願いを大切にし，創意工夫を生かしながら活動を展開するとともに自分たちの取組を振り返り，地域の方々の評価等を通して，社会参画の喜びを味わうことができるようにする。これらの活動を通して，学校や地域の活性化に貢献し，中友小学校や中友校区を誇りに思い，地域の一員として，自分たちにできることを考え，行動できる子供たちを育んでいきたい。

❷単元目標

○中友校区社会福祉協議会，民生委員の方々との交流を通して，地域は，地域に愛情と誇りを持ち行動している方々に支えられていることを理解し，よりよい地域にしていくために課題を見出し，課題解決に向けて工夫して活動することができる。　　　　　　　　　（知識及び技能）

○校区の実態や民生委員の方々の活動やそれを支える思いから課題を見出し，未来の中友校区を描きながら，社会福祉の課題解決に向けて，自分たちにできることを考え，友達や地域の方々と連携・協働するとともに，学んだことを地域社会に発信することができる。

（思考力，判断力，表現力等）

○子ども民生委員活動に関心を持ち，中友小学校や中友校区に誇りを持つとともに，友達や地域の方々と積極的に関わり，地域の一員としてよりよい地域づくりに参画しようとすることができる。　　　　　　　　　　　　　　　　　　　　　（学びに向かう力，人間性等）

（5）学習活動の実際（特徴的な活動）

❶独居高齢者宅訪問をする

　高齢化が進む中友校区の実態や民生委員の方々から活動内容や活動に対する思いを交流して課題をつかんだ後，子供たち一人一人に子ども民生委員の委嘱状が交付される。委嘱状とともに，自分の名刺や訪問する際に着用するオレンジのジャケット，帽子もいただいた。委嘱状や名刺等を交付された子供たちは，「このまちの高齢者のために

独居高齢者宅訪問

できることは何かな」等と子ども民生委員としての自覚が芽生えてきた。

　訪問活動は，各地区を担当する民生委員の方々と一緒に年2回行動するようにしている。5月には子ども民生委員としての初めての訪問で，顔を覚えてもらうために，目を見ながら，元気よくあいさつをした。高齢者の方々も「毎年，とても楽しみにしています」と子供たちの訪問を喜ばれている。子供たちは，この訪問を通して，高齢者の方々の温かい言葉や表情に触れ，「地域社会をもっとよくしたい」という思いをさらに強くすることができた。

❷赤い羽根共同募金活動をする

　子供たちは，社会福祉協議会の方と交流し，社会を支え合う仕組みについて学んだ。その中で赤い羽根共同募金の趣旨や募金の使われ方について理解した子供たちは，「たくさんの方々の役に立ちたい」という思いから，中友校区の商店街でまちの活性化のため開催されている「十日市」に合わせて募金を行うことにした。

　道行く地域の方々，一人一人に声をかけ，熱心に募金をお願いした。「少しでもお役に立て

赤い羽根共同募金活動

たら」等と募金される方の言葉を聞きながら，子供たちは，地域の方々の温かさを感じるとともに，社会の役に立てる充実感を味わい，持続可能なまちづくりへの思いを強くした。

❸校区敬老会の運営に参画する

　中友校区では，毎年11月に中友校区社会福祉協議会主催の敬老会が中友小学校体育館で開催される。敬老会では，子ども民生委員が自分たちで考え，案内係や会場設営等をして参加している。受付を済ませた高齢者を座席に案内するときには，日頃の様子を尋ねたり，肩もみをしたりして，コミュニケーションを楽しみながら活動していた。高齢者からは，「毎年，孫みたいな子供と話せるので楽しみにして

校区敬老会

います。家では一人ですから」という話も聞かれ，高齢者の思いにも触れることができた。

　子供たちは，地域にはたくさんの高齢者の方がいらっしゃることを実感するとともに，コミュニケーションを深める中で，高齢者の方の体験や昔の大牟田についての話から，たくさんのことを学び，もっと中友の地域を笑顔でいっぱいにしたいと考えた。

❹ほっとあんしんネットワーク模擬訓練に参加する

大牟田市では，認知症を含め全ての人が安心して暮らせるまちづくりを目指している。その一環として，毎年9月に市内一斉に，認知症の方に出会ったときにどのように声をかけるか，情報を伝達し救助するかについて学ぶ「ほっとあんしんネットワーク模擬訓練」が行われている。

ほっとあんしんネットワーク模擬訓練の様子

子供たちは，事前の認知症サポーター養成講座に参加して，認知症の方に出会ったときの声かけや情報伝達の仕方について学び，当日，模擬訓練に参加した。子供たちは，「認知症になっても安心して，みんなが笑顔で幸せに暮らすことができる地域にしたい」等，地域への思いをさらに強くしていた。

(6) 児童の変容

5年生の子ども民生委員活動を通して，みんなが幸せに暮らすことができるよりよい中友校区にしたいという思いは，5年生から学校全体に広がっていった。その中で，下校中に路上で体調を崩された高齢者に声をかけて助ける子供も見られた。また，まちを活性化させたいという思いから校区の商店街で毎月10日に行われる「十日市」において，地域の方々に元気を届けようと全学年が交代で，各教科等で学習した合唱や合奏，表現（踊り）等を披露したり，習字・絵画を展示したりして地域の活性化に貢献することができるようになってきている。

(7) さらなる実践の充実に向けて

地域の方々には，子ども民生委員活動を始めた当初から，この活動を快く受け入れ，温かく見守っていただいている。子供たちは，「子ども民生委員活動」の学習が終わってからも，自分たちで高齢者に応じた交流を考え，自主的に施設を訪問している。また，「うちの施設にも来てほしい」という問い合わせが多く寄せられ，みんながつながる中友校区を目指して，様々な関係機関とも連携し，活動の幅がさらに広がってきている。

今後も継続して，市内外へ中友小学校の取組を発信したり，SDGs達成に向けた活動の意味を実感したりする等，自分たちなりに考え，行動することのすばらしさを子供たち自身が味わえるよう活動を充実させていきたい。

【ストーリーマップ】中友小学校　第５学年　「みん

単元の目標	学校と校区社会福祉協議会，民生委員・児童委員協議会など関係機関と者宅訪問，認知症学習，敬老会参加などを通して，地域の課題を見出し，しようとする気持ちや意欲を高め，関係機関と協働して，みんながつなが

月	4月	5月	6月	7月	8月	9月

総合的な学習の時間

課題設定

子ども民生委員活動について話し合い，課題をつかもう

1）子ども民生委員活動についてのイメージを描き，子ども民生委員活動について知っていることや疑問について話し合う。
・今の６年生が５年生のときに活動していたね。
・子ども民生委員活動を行っていたのは何のためなのかな。
・６年生に昨年度の様子を聞いてみよう。
・大切な活動なんだね。
・これからも続けていかないといけないね。
・どんなことができるかな。

ステージ１

子ども民生委員活動や関わってきた方々の思いを調べよう

1）それぞれの課題に応じて情報収集を行う。
・校区社会福祉協議会等の方々の思いは強いな。
・独居高齢者は多いな。
・民生委員さんの役割をもっと知りたいな。

2）調べたことを整理し，子ども民生委員活動についての考えを高め合う。
・地域とつながりをもっと深めたいな。
・福祉を担う人になってほしいんだな。
・地域の高齢者のためにできることはないかな。

（9月）

みんなが
を立て，実

1）運動会るか話し
・運動会ろう。
・訪問すう。

2）敬老会し合い，
・気持ち
・校区社できる

3）赤い羽がができる
・赤い羽
・役に立
・他にで

教科等との関連

《道徳》「『ありがとう上手』に」
　　　　　　　　　　　【関連：A-イ】
・今まで，家族や多くの人の支え合いで自分の生活が成り立っていることを感じ，その支えに感謝しこたえる心情を育てる。

《国語》「きいて，きいて，きいてみよう」
　　　　　　　　　　　【関連：B-イ】
・目的や意図に応じて，話の内容を捉え，話し手の考えと比較しながら，考えをまとめることができる。

《道徳》「お父さんは救急救命士」
　　　　　　　　　　　【関連：A-アイ】
・働くことの大切さを知り，公共のために役立とうとする心情を育てる。

《外国語活動》「Lesson1 Nice to meet you.」，「Project 2」【関連：B-アウ】
・簡単な英語表現や身振りや表情で，相手に思いを伝えようとする。

《国語》「みんなが過ごしやすい　町へ」
　　　　　　　　　　　【関連：B-アイ】
・調べたことを，目的に応じて必要な資料を引用し，自分の考えと区別して，正確に伝えることができる。

○ほっとあ
《社会》「未
《外国語活

○訪問活動
《家庭科》

○赤い羽根
《道徳》「わ
《国語》「や
《国語》「よ

※関連の視点の表記について　内容面＝視点A，方法面＝視点B　ア…強化　イ…付加　ウ…補完

ながつながる中友校区を目指して―子ども民生委員活動―」

の連携した「子ども民生委員活動」のこれまでの活動をもとに，独居高齢
地域の高齢者のために自分たちのできることを考え，話し合い，自ら実践
る中友校区を創り出す実践活動に取り組むことができる。

10月	11月	12月	1月	2月	3月

ステージ２	ステージ３

つながる中友校区にするための計画
践しよう

の招待状配りで自分たちに何ができ
合い，実践する。
に来てくださるように楽しい案内状を作

るときの声かけの言葉や行動を考えよ

への参加で自分たちに何ができるか話
実践する。
よく参加してもらおう。
会福祉協議会等の方々に，どんな協力が
かな。
根共同募金への参加で自分たちに何
か話し合い実践する。
根共同募金のことを調べよう。
っているんだな。
きることはないかな。

つながりを大切にしていきたい地域の思いや願いを話し合い，発信していこう

１）校区社会福祉協議会等の方々と交流会（まとめの会）を行う。
・高齢の方々と会ったり，話したりする機会をたくさんつくれるといいと思います。
・自分たちだけでなくみんなも関わってほしい。
・高齢者の方の笑顔をたくさん見れて嬉しかった。
２）みんなつながる中友校区を目指すために，学校や地域の方等に向けたPRを考えて発信する。
・取組をみんなにPRしよう。
・いろんな世代の方々がつながる中友校区を目指したいね。
・取組について他の学校とも交流したいね。
３）学習の振り返りを行い，学習した内容や行動のよさを実感する（子ども民生委員まとめの会）。
・１年間の活動を通して，友達や地域の方と絆を深めながら実践できた。
・今後も地域とつながる活動を続けていこう。

【子ども民生委員　主な体験活動】
んしんネットワーク模擬訓練
来へとつながる情報」　　　　　　　　【関連：A-イ】
動》「Lesson 5 Where is your treasure?」
　　　　　　　　　　　　　　　　　　【関連：B-ア】

・敬老会
「いっしょにほっとタイム」　　　【関連：A-イ，B-イ】

共同募金
たしのボランティア体験」　　　　　　【関連：A-ア】
なせたかし　アンパンマンの勇気」　　【関連：A-イ】
りよい学校生活のために」　　　　　　【関連：B-イ】

《道徳》「親から子へ，そして孫へと」
　　　　　　　　　　　　　　　　　　【関連：A-イ】
・伝統や文化を受け継いでいく心情を育てる。
《国語》「提案しよう，言葉とわたしたち」
　　　　　　　　　　　　　　　　　【関連：B-イウ】
・事実と感想，意見とを区別して，説得力のある提案をすることができる。

（例）内容面での補完→A-ウ

宮原坑「子どもボランティアガイド」
【大牟田市立駛馬小学校：第6学年】

（1）本校のＥＳＤの特徴

　本校区には，日本の近代化を支えてきた三池炭鉱の関連資産である世界文化遺産「宮原坑」があり，世界文化遺産の「三池港」を有する有明海に注ぐ諏訪川が流れ，歴史や文化，自然環境について体験的に学ぶことができる環境に恵まれた地域にある。また，平成30年度に駛馬南小学校と駛馬北小学校が再編し，新たに駛馬小学校として誕生した学校である。本校学校教育目標「知・徳・体の調和のとれた　心豊かで実践力のある　たくましい子どもの育成」を目指し，持続可能なまちづくりに向けて自分ができることを考え行動する子供を育むESDを推進している。本校では，宮原坑が世界文化遺産に登録される1年前（駛馬北小学校時）から「子どもボランティアガイド」の活動に取り組んでおり，宮原坑の見学者に6年生の子供たちが三池炭鉱関連遺産の歴史や価値についてガイドをして，宮原坑のすばらしさを伝える活動を行ってきた。

　このような地域の宝である世界文化遺産「宮原坑」を生かしたよりよいまちづくりを通して，自分たちにできることは何かを考え，行動する子供の育成を目指している。

（2）教材について

　「子どもボランティアガイド」とは，本校区にある世界文化遺産「宮原坑」の見学者に，6年生が三池炭鉱関連遺産の歴史や価値について学んだ知識をもとにしながら，宮原坑で昔どのように石炭が掘られていたのか等について，自分たちで作成したパネルを提示し説明しながら案内する活動のことである。「見学者に世界文化遺産である宮原坑のよさを伝える」という目的を持ち，石炭産業に関する情報を再構成していくことで，自分たちのまちの発展を支えた三池炭鉱の歴史や価値，炭鉱の発展を支えた人々の功績を未来に受け継いでいく役割が自分たちにあることやこれらの活動がよりよいまちづくりにつながっていくことに気付くことができる。

（3）本実践で目指すＳＤＧｓ

　校区にある世界文化遺産「宮原坑」の歴史や価値について学習したことを生かし，見学者にガイドをすることを通して，地域の宝を生かしたよりよいまちづくりに取り組む子供を育む。また，様々な人との関わりを通して，ガイドの内容や方法を工夫し，駛馬のまちづくりに主体的に取り組んでいこうとする子供を育む。これらの実践で，SDG11「住み続けられるまちづくりを」に貢献できると考える。

(4)単元の指導計画（ストーリーマップ　pp.080-081参照）

❶授業づくりのポイント

本校では，３年生「駛馬のよさ発見隊」で，校区に世界文化遺産「宮原坑」があり，石炭を採掘するための重要な施設であったことを学習する。４年生「調査しようわたしたちの宮原坑」では，世界文化遺産とは何か，宮原坑はどんな場所だったのかについて調べ，現地ガイドの方の話を聞く等の活動を通して，宮原坑の価値に気付き，自分なりの考えを持つ。５年生「宮原坑ガイドへの道」では，６年生の活動や思いを知ることで，自分たちが宮原坑についての知識を身に付け，訪れる方にガイドをして，多くの方に「宮原坑」のすばらしさを知ってもらいたいという思いを高め，ガイド活動を引き継ぐ。

そこで，６年生「レベルアップ　子どもボランティアガイド」では，「子どもボランティアガイド」を通して，宮原坑のすばらしさをもっとたくさんの人に知ってほしい，これからも大切に守り続けていきたいという思いを強く持ち，見学者に宮原坑のよさを伝えるための工夫について話し合う。また，ガイドの内容・方法に付加修正を行いながらレベルアップを目指していく。さらに，宮原坑のよさの中から，自分が伝えたいことをもとにパンフレットを作成し，市内の公共施設等に配布するなどして発信していく。

❷単元目標

○三池炭鉱の歴史やその価値について，現地ガイドへの調査活動等を通して理解するとともに，宮原坑の見学者に自分のまちづくりへの思いや願いを込めて，分かりやすくガイドすることができる。（知識及び技能）

○宮原坑の歴史やその価値について見学者に分かりやすくガイドするために，調査活動や現地ガイドへの取材をもとに，ガイドの内容や方法を工夫したり，パンフレットを作成したりすることができる。（思考力，判断力，表現力等）

○三池炭鉱の魅力をよりよく伝えるという目的意識を持って，世界文化遺産の現地ガイドや関係機関の方などに積極的に関わり，その方たちの思いを感じながら今の自分にできることを考え，行動に移そうとする。（学びに向かう力，人間性等）

(5)学習活動の実際（特徴的な活動）

❶宮原坑の見学者の現状から課題をつかみ，ボランティアガイドに挑戦する

子供たちは，前年度の６年生から引き継いだボランティアガイド活動にあたり，まず，市の世界遺産・文化財室の方から，宮原坑の見学者数がここ数年減少している現状を話していただいた。子供たちは，「もっと多くの見学者に来てもらいたい」「自分たちがもっと宮原坑の魅力を伝えていきたい」とボランティアガイド活動への意欲を高めた。

そこで，子供たちは，これまで三池炭鉱について学習してきたことを想起し，ガイドとして伝えたいことを出し合い，分類・整理して，パネルの内容を決定した。それをもとにパネルを作成し，説明する言葉を考え，1グループ4人程度で模擬ガイドを行った。また，グループ同士で交流し，見学者の視点に立ってガイドの内容，方法について見直し改善した。さらに，現地でのガイドのデビューの際には，市の世界遺産・文化財室の方や保護者，地域の方等

子どもボランティアガイドを行う様子

に来場を呼びかけガイドを行った。訪れた方の「よく調べているね」「分かりやすかったよ」等の声に，「もっと多くの人にガイドをしたい」という思いを膨らませていた。

❷子どもボランティアガイドのレベルアップをする

　子供たちは，「宮原坑のよさを伝えたい」という思いを持ってボランティアガイドに取り組み，回数を重ねるうちに自信を持ってガイドできるようになっていった。しかし，ガイドの活動を行う中で「見学者の方から質問されたことに対し答えられなかった。もっと調べて答えられるようになりたい」「明治日本の産業革命遺産の概要や他の構成遺産について知りたい，説明できるようになりたい」と考えるようになった。そこで，他の構成遺産の概要等を調べ，「明治日本の産業革命遺産」が採炭や製鉄，造船に関わる遺産であることや宮原坑がエネルギー源として日本の近代化を支えたことを知った子供たちは，さらに宮原坑を誇りに思うようになった。

　そこで，自分が考えた宮原坑の魅力が伝わるように，ガイドの内容に付加修正を加え，改善していった。さらに，「見学者の方に楽しんでもらえて，また訪れてみたいと思ってもらえるようにするにはどうしたらよいか」という課題を持って話し合い，宮原坑の魅力がより伝わるために説明内容に加え，ガイドする際の立ち位置や目線，パネルの見せ方，声の大きさ，表情などにも気をつけながらガイドを工夫していった。

❸子どもボランティアガイド活動を通してまちづくりを考える

　子供たちは，市の世界遺産・文化財室や観光おもてなし課，地域の方々から支援をいただき，ガイドの活動を進める中で，目的を達成するために「ガイドだけでなくパンフレットを作成して，配布したら，もっとよさが伝えられるのではないか」とアイデアが生まれ，三池炭鉱や宮原坑の魅力をまとめたパンフレットを作成し配布することとした。パンフレットは，宮原坑を訪問していただいた方に配布するとともに，市内の公共施設や観光プラザ等にも置いていただいた。子供たちは，パンフレットを手にした方から「よくまとめているね」と声をかけていた

だき，さらに，まちづくりに関わる喜びを感じることができた。

また，子供たちは，宮原坑を生かしたまちづくりを進めるために，「大牟田市と駛馬地域との共催で行われる『宮原坑フェスタ』の祭りに参加し，盛り上げたい」と考えた。そこで，祭りの実行委員会に働きかけ，会場に駛馬小学校のブースを設けていただいた。子供たちは，「石炭掘り体験」「炭鉱マンに学ぶ」「鉄道敷き人生ゲーム」

子供が作成したパンフレット

等，自分たちでコーナーを考え，企画・運営した。祭り当日，多くの方に訪れていただき，充実感を味わった。

さらに，宮原坑近くには，宮原中学校，三池工業高等学校があり，同じユネスコスクールとして宮原坑を中心としたまちづくりを進めている。3校合同で宮原坑入口に飾るプランターの製作をしたり，「宮原坑フェスタ」では，小中高の子供たちがそれぞれに祭りを盛り上げるために工夫したりして，持続可能なまちづくりに向け，積極的に活動していた。

（6）児童の変容

宮原坑が世界文化遺産に登録される前の平成27年度から，子どもボランティアガイド活動を始め，毎年6年生がこの活動を進めてきた。子供たちは，駛馬のまちを誇りに思い，駛馬の宝である宮原坑にもっと多くの方が訪れるようにするにはどうしたらいいか自分事として考えるようになった。また，宮原坑のよさをガイドする活動を通して，相手意識に立ったガイドをするための内容や方法を考えたり，表現したりする力を身に付けることができた。見学者を楽しませるために積極的に会話をして，ガイドをすることを通して，子供たちは，自分たちのまちに誇りを持ち，世界遺産を守りながら，よりよいまちづくりについて行動するようになった。

（7）さらなる実践の充実に向けて

子供たちは，保護者，地域，宮原中学校，三池工業高等学校，行政・関係機関等と連携しながら様々な活動に取り組んできた。今後，さらに，地域の方や関係機関等とのつながりを深めながら地域の宝「宮原坑」を生かしたまちづくりを進めていきたい。また，子供たちは，宮原坑を含む三池炭鉱関連遺産だけでなく，他の構成遺産の概要についても調べ，日本は「明治日本の産業革命遺産　製鉄・製鋼，造船，石炭産業」分野において急速な産業化を成し遂げたことについて学習している。そこで，これら構成遺産に関わっている学校等と交流し，それぞれの関連遺産の価値やすばらしさを伝え合い，世界文化遺産「宮原坑」を他の視点から見つめ直す学習へと発展させていきたい。

【ストーリーマップ】駿馬小学校　第6学年　「宮原坑『子どもボランティ

単元の目標	世界文化遺産の現地ガイドや関係機関の方などに積極的に関わりながら見学者に自分のまちづくりへの思いや願いを込めて，分かりやすくガイドいまちづくりについての考えを深め，行動することができるようにする。

月	4月	5月	6月	7月	8月	9月

課題設定 ／ **ステージ1**

総合的な学習の時間

課題設定

「明治日本の産業革命遺産」を調べよう

1) 世界遺産・文化財室の方から宮原坑の見学者が減少している現状を聞き，ボランティアガイドに対する意欲を持つ。
・自分たちにできることは何か話し合おう。
2) 「明治日本の産業革命遺産」の中の採炭に関わる炭鉱施設や三池港を調べる。
・三池炭鉱や三池港のすばらしさを調べたい。
・ガイドパネルを作成し，説明の練習をしよう。

ステージ1

明治日本の産業革命遺産としての三池炭鉱の価値をガイドに付け加えよう

1) 「明治日本の産業革命遺産」についてよく知らない実態から新たな課題をつかむ。

　課題に応じて情報収集しガイドパネルに付け加える。

・採炭，製鉄，造船に関わる施設
・施設の関係性とつくられた経緯
・当時の人々の思いや考え
2) 調べたことを整理し，駿馬魅力発信プロジェクトへの考えを高め合う。
・先人の思いがつまった明治日本の産業革命遺産について，ガイドの中に付け加える。

（ステージ）

世界文化遺産宮原坑ェスタ」でイベントを

1) 宮原坑に多くの見に自分たちにできる

【石炭掘り体験】
・暗い坑内を再現してみよう
・ヘルメットやつるはしの重さを体験

2) 目標を達成するた携し，協力して計画
・宮原坑の来場者がた
・活気あふれるまち
3) 課題をよりよく解実践を行う。
4) 実践を振り返り，信する方法を考え準

教科等との関連

《社会》「日本の歴史」
　　　　【関連：A-ウ】
・産業の発展や日本人の国際社会での活躍について調べ，日本の国力が充実したことや国際的な地位が向上したことを捉える。
《国語》「筆者の主張や意図をとらえ，自分の考えを発表しよう」　　【関連：B-ア】
・原因と結果など情報と情報との関係について理解することができる。

《国語》「情報と情報をつなげて伝えるとき」　　　【関連：B-ア】
・情報と情報との関係付けの仕方，図などによる語句と語句との関係の表し方を理解し使うことができる。
《道徳》「白神山地」【関連：A-ウ】
・郷土の文化や伝統を育てた先人の努力を知り，郷土のよさを大切にして，郷土を愛する心情を育てる。

《市行事》「炭鉱の祭典
・市役所，地区公民館，
・中学校，高校，高等専
・地域の方々の思い
・地域へのPR
《学校行事，地域連携》
・校区や諏訪川河川敷の
《国語》「表現の工夫を

・引用したり，図表やグに書き表し方を工夫す

※関連の視点の表記について　　内容面＝視点A，方法面＝視点B　　ア…強化　イ…付加　ウ…補完

アガイド』 ―地域の一員として未来を創っていく駒馬の魅力発信プロジェクト―

調査活動を進め，三池炭鉱の歴史やその価値について理解するとともに，宮原坑の
することを通して，自分たちのまちに誇りを持ち，世界遺産を守りながら，よりよ

10月	11月	12月	1月	2月	3月

ステージ2	ステージ3

を中心にまちづくりを実践しよう（「宮原坑フ 開催しよう）

学者が集まり，駒馬を元気なまちにしていくため
ことを出し合い実践の見通しを持つ。

【炭鉱マンに学ぶ】
・昔炭鉱で働いてい
た方をGTに迎え
てクイズ大会
・炭鉱マンの方の思
いを知ろう

【鉄道敷人生ゲーム】
・鉄道敷きの上に人
生ゲームを作って
クイズに答えて次
に進もう

めの活動について，世界遺産・文化財室の方と連
を立てる。
くさんのまちに！
に！
決していくために，アイデアを出し合いながら，

これまでの活動を地域の方やもっと大勢の方に発
備をする。

未来に残していきたい思いや願いを話し合い，発信していこう

1）世界遺産・文化財室の方と連携し，成果と課題を
共有する。
・地域の方の温かい応援がとても嬉しかった。
・地域の方と協力してがんばりたい。
・プロジェクトをもっと発展させたい。
2）プロジェクトを発展させるとともに，駒馬の取組
を地域やもっと多くの人に知ってもらう。
・自分たちの取組を知ってもらいたい。
・世界文化遺産が校区にある他の学校ではどんなこと
に取り組んでいるのかな。
3）学習の振り返りを行い，学習した内容や行動のよ
さを実感する。
・駒馬って自慢できるまちだな。
・もっと明るくて元気なまちにしていきたいな。
・様々な立場の人と一緒に，駒馬のまちのために活動
したいな。

"宮原坑フェスタ」　　　　　　　【関連：A-ウ】
地域まちづくり協議会との連携
門学校との連携

「駒馬クリーンアップ活動」　　　【関連：A-イ】
ごみ拾いを行う。
とらえて読み，それをいかして書こう」
　　　　　　　　　　　　　　　【関連：B-ア】
ラフなどを用いたりして，自分の考えが伝わるよう
る。

《国語》「筆者の考えを読み取り，社会と生き方につ
いて話し合おう」　　　　　　　【関連：B-ア】
・文章を読んでまとめた意見や感想を共有し，自分の考
えを広げることができる。
《外国語》「Lesson1」～「Lesson10」「Project1」
～「Project2」　　　　　　　　【関連：B-イ】
・日常生活に関する身近で簡単な事柄について，自分の
考えや気持ちなどを，簡単な語句や基本的な表現を用
いて伝え合うことができる。
《道徳》「新しい日本に」　　　　【関連：A-ウ】
・過去の日本人の努力を知り，日本人として大切にした
いことを考え，日本人としての自覚を持って国を愛そ
うとする態度を育てる。

（例）内容面での補完→A-ウ

（1）本校のＥＳＤの特徴

　本校区は，大牟田駅西側の市街地の，商店等が多く人の往来でにぎわう地域にある。しかし，炭坑閉山後の人口減少により，少子高齢化が急速に進み，福祉の充実，災害時の避難等の課題がある。

　そこで，本校では，ユネスコスクールとして，校区の実態を踏まえ，子供たちが，まちづくりに関わり，主体的に行動する「まちの笑顔と未来プロジェクト」を進め，SDG3「すべての人に健康と福祉を」，SDG11「住み続けられるまちづくりを」，SDG15「陸の豊かさも守ろう」等を目指した活動に取り組んでいる。

　このようなESDの取組を通して，まちの未来を描き，その実現に向けて自分たちができることを考え，他者と協働しながら行動できる子供たちを育成している。

（2）教材について

　「まちの笑顔と未来プロジェクト」の中心プロジェクトが，「フラワータウンプロジェクト」である。この「フラワータウンプロジェクト」とは，花を育てる活動を通して，子供たちと地域の人々とが心を通い合わせ，つながり，関わりを深めながら，よりよい地域をつくっていこうと，共に行動するプロジェクトである。花を育てる活動は，市街地に住む子供たちにとって，自然に触れ，自然から学ぶ貴重な体験の場であり，本プロジェクトを通して，自然環境と人との関わりについての考えを深め，まちづくりに向け実践する態度を育てることができる。

　このように，子供たちが，身近な地域の人々や自然との関わりを深めながら，持続可能なまちづくりに取り組む教材として，「フラワータウンプロジェクト」を設定した。

（3）本実践で目指すＳＤＧｓ

　みんなが笑顔で幸せに暮らすまちづくり「フラワータウンプロジェクト」に込めた願いを地域の人々と共有し，共に行動し，SDG11「住み続けられるまちづくりを」に貢献できると考える。

　花を育てる活動を通して，自然を愛する心を持ち，自然と調和した社会の在り方を考え，地域の人々と共に行動し，SDG15「陸の豊かさも守ろう」に貢献できると考える。

（4）単元の指導計画（ストーリーマップ　pp.086-087参照）

❶授業づくりのポイント

　前年度の5年生の活動を調べたり，まちづくり協議会の皆さんの話を聞いたりして，活動への意欲を持ち，自分たちが住むまちをよりよくしたいという思いを共有するようにする。その思いに基づいて，地域の人々と一緒に花を育てたり，地域の人々に花を届けたりする活動，花をテーマにしたイベントなどを協働して行い，地域の人々との交流を深めるようにする。さらに，同じ中学校区の児童生徒との協働や市内の他の小学校の児童との交流を通して，活動を校区から市内へと広げながら，SDG11「住み続けられるまちづくりを」の達成を目指していく。

❷単元目標

○花を育てる活動を通して，植物の成長に必要な条件，生命のつながり等を理解し，それを生かして花を栽培することができる。　　　　　　　　　　　　　　　　　　　（知識及び技能）

○地域の人々に感謝の気持ちを表したり，地域の人々を学校に招くイベントを企画，実施したりするために，目的や相手に応じて表現したり，効果的に話し合ったりすることができる。
　　　　　　　　　　　　　　　　　　　　　　　　　　　　（思考力，判断力，表現力等）

○花で元気で明るいまちにしたいという思いを地域の人々と共有し，自分たちができることを考え，工夫し協力して活動しようとすることができる。　　　（学びに向かう力，人間性等）

（5）学習活動の実際（特徴的な活動）

❶地域の人々と一緒に花を育てる

　子供たちは，学校近くの国道のロータリーの花壇で，地域の人々と一緒に花を育てる活動を行っている。年間を通して花の世話等を協力して行い，地域の方と「この花を育てたらきれいになるよ」「こんな形に植えたら」等と話し合いながら決めていった。

　駅から近いこの花壇は，多くの人の目にとまり，子供たちが，朝，世話をしていると「がんばっているね」「きれいだね」と声をかけていただき，成就感を味わっていた。

　子供たちは，よりよいまちづくりに向け，人がふれあう大切な場所として，積極的に花を育てている。

地域の人々と一緒に花を育てる子供たち

❷地域の人々に花を届ける

　子供たちは，学校の花壇でも花を育てており，育てた花の苗や切り花を子ども見守り隊，学習でお世話になった福祉施設の皆さん等に届ける方法を考え，贈っている。地域の方々は，花の苗を育て「花が咲いたよ」と話されたり，渡した花の写真や手紙を送っていただいたりした。子供たちは，花を通した自分たちの行動が，「人とのつながりだ」ということを具体的に学ぶことができた。また，子供たちは，折り紙で花を折ったり，カード

子ども見守り隊の方に花を渡す子供

や手紙に貼り付けたりして，「ありがとう」の感謝の言葉とともに地域の皆さんに花のカードや手紙を贈っている。地域コミュニティセンターには，子供たちが贈った折り紙の花のカードや手紙が壁一面に貼られ，子供たちと大正校区の皆さんとの心のつながりを表すものとなった。

❸花をテーマにしたイベントを行い，地域の人々と交流を深める

　子供たちは，まちづくり協議会の祭りやPTAのバザーで自分たちで考えた「子ども花屋」を出店したり，「フラワーフェスティバル」を開いたりする等，花をテーマにしたイベントを積極的に行い，地域の人々との交流をさらに深めた。

　その際，子供たちは「みんなが楽しむことができる折り紙にしたら」「子供と大人が一緒に楽しむ花検定をしたら」「校庭の花を咲かせる木を知ってもらうために，フィールドワークをしよう」等と話し合って活動内容を決めて，準備をし実施した。実施後，子供たちは，「みんなが喜んでくれた。大正校区のみんなが笑顔になれるようもっとがんばりたい」と自分たちの活動が，まちづくりにつながる手応えを感じた。

「子ども花屋」の様子

　大正校区まちづくり協議会は「大正校区に住んでよかったと思えるまち」を目指している。現在は，まちづくり協議会の皆さんが，子供たちのまちづくりへの思いと行動に共感し，子供たちと地域とが協働した取組が進んでいる。

❹他の学校と交流，協働し，市内に活動を広げる

　令和元年度には，明るいまちづくりのために，同じ中学校区の３校の児童会生徒会役員が集まり，大牟田駅にヒマワリの花の鉢植えを届け，あいさつ運動やごみ拾いをするという取組も

行った。「フラワータウンプロジェクト」は，小学校区から中学校区へと広がりを見せた。

　しかし，コロナ禍により，人と人との交流は大きく制限された。そのような中，子供たちから「何かできることはないか」との思いが出され，「花いっぱい絆プロジェクト」に取り組んでいる市内の学校とのテレビ会議が提案され，実施した。そして，「大牟田のまちを美しい花とやさしい人の心でいっぱいにしよう」と，まちづくりのために共に行動しようと励まし合った。

大牟田駅に集まった３校の子供たち

　令和２年７月豪雨で，大牟田市立みなと小学校が深刻な被害を受けたことを知った子供たちは，みなと小学校の子供たちを心配し，励まそうと，学校で育てたマリーゴールドの鉢植えを贈った。みなと小学校から後日，「みんなが通る場所に置いています。明るい花を見て元気付けられています」という返事が届き，市内の仲間とのつながりを深めることができた。

（6）児童の変容

　子供たちは，自分たちの住むまちが，誰もが笑顔で幸せに暮らすまちになることを願い，様々な活動を行った。特に，花を育てる，花を贈る，手紙を書く等，花をテーマとするイベントを開くなどの活動を通して，自然を大切にする心，コミュニケーションを行う力，効果的に話し合いを進める力，協力し合う態度などを身に付けた。そして，地域の人々とまちづくりへの思いを共有し，結び付きを強めながら，地域の一員であることを実感することができた。この地域との「つながり」への意識の高まりは，地域の減災，バリアフリー社会の実現等の課題に広がった。また，子供たちは，コロナ禍や豪雨災害を経験し，社会の問題を自分事として捉え，困った人がいれば助けたいと思うようになった。そして，「フラワータウンプロジェクト」の取組を通して，自分の住む校区だけでなく，大牟田市全体が元気を取り戻すことを強く願い，よりよいまちづくりに向けた，子供たちの具体的な行動の姿として見ることができた。

（7）さらなる実践の充実に向けて

　子供から，保護者，地域に向けて持続可能な社会づくりの考え方を広げ，子供と地域の連携・協働によるまちづくりをさらに推進していきたい。また，「フラワータウンプロジェクト」の活動を通して，地域の課題から世界の課題が見えてくるよう，SDGsに照らしながら，環境，エネルギー，気候変動と関連させた学習内容の充実を図りたい。

単元の目標	地域に対する住民の思いや自分たちの思いに基づいて，みんなが幸せに ける活動をしたり，花をテーマにした交流行事を企画・実施したりする活 るとともに，地域の人々や他の学校の子供たちと思いを共有して，人と自

月	4月	5月	6月	7月	8月	9月

課題設定 ・ ステージ1

総合的な学習の時間

課題設定

フラワータウンプロジェクトの地域活動を受け継ごう

1) 先生の話を聞き，新聞やWebを見て平成28年の活動を知る。
・駅に降りる人を花で迎えたいという気持ちで始めたんだね。
2) 地域活動に取り組んだ6年生の話を聞く。
・ぼくたちも引き継いでいこう。
・活動が楽しみ。
・花を育てて誰かに届けたい。

ステージ1

まちの人の思いを知り，フラワータウンプロジェクトの目標を決めよう

1) まちづくり協議会の方の話を聞く。
・まちづくり協議会の会長さんは，「住んでよかったと思える大正校区にしたい」と言われた。私たちも，そんなまちにしたい。
2) フラワータウンプロジェクトの目標を話し合い，共有する。
・花を通して心がつながるまちにしよう。

みんなが笑顔で幸せにくらすまちを

1) 活動内容を話し合う。

ロータリーの花壇

2) 課題を解決しながら，活動を進め
・花を育てるのは楽しいね。種をとってくっておこう。
・花と一緒に手紙も渡そう。
・保育園やつくしんぼ小浜の皆さんにも
・花がない時期は，折り紙の花で気持ち
・子ども花屋の準備をしよう。
・6年生と協力して，役割を決めよう。
・招待状をつくろう。
3) 活動を通して感じたことや考えたこ
・まちの人たちも一緒に花を育ててくれ
・花でみんなが笑顔になったね。
・みんなが仲良くなると，このまちに住
・大牟田市全体で花いっぱいになるとい

教科等との関連

《社会》
「自然条件と人々のくらし」
【関連：B-ア】
・地域の自然条件とくらしを関連付けて考える。
《理科》
「生命のつながり(1)」
【関連：A-ウ，B-ウ】
・植物の発芽の条件を調べ，理解し，自然への関心を深める。

《国語》
「みんなが過ごしやすい　町へ」
【関連：A-ウ，B-ア】
・インタビューやアンケート調査をして資料を作り，それを活用しながら構成を工夫して書く。
《社会》
「未来を支える食料生産」【関連：A-ウ】
・農作物の栽培の工夫を調べ，食糧を生産する仕事の大切さを理解する。

《理科》
「生命のつながり(3)」
【関連：A-ウ】
・植物のつくりや受粉の仕組みを調べ，生命の連続性を捉える。

※関連の視点の表記について　内容面＝視点A，方法面＝視点B　ア…強化　イ…付加　ウ…補完

学年　「フラワータウンプロジェクト」

暮らし，いつまでも住み続けたいと思う地域にするために，花を育てて届
動を通して，課題を解決する力，協力し合う態度，自然を愛する心を育て
然が調和した持続可能なまちを共につくっていくようにする。

	10月	11月	12月	1月	2月	3月

ステージ2	ステージ3

つくろう

で花を育てる　　　　　　　学校の花壇で花を育てる

まちの人に花を届ける

花のおまつりを開き，まちの人と交流を深める

る。
おくと来年も育てられるね。落ち葉や枯れ草を積んで腐葉土をつ

届けよう。
を表そう。

とを話し合う。
て，応援してくれたね。

んで良かったと思えるね。
いね。ほかの学校と一緒にできることはないかな。

まちづくりへの思いを共有しよう

1）松原中学校や中友小学校と一緒にできることを考え，実行する。
・大牟田駅に花を飾ろう。
・一緒に花の咲く木を植えよう。
2）銀水小学校と交流する。
・銀水小もぼくたちと同じような活動「花いっぱい絆プロジェクト」に取り組んでいる。力を合わせて花いっぱいの大牟田にしよう。
3）学習を振り返る。
・まちの人の気持ちが分かり，まちづくりのために役立つことができた。
・きれいな花とやさしい人の心でつながるまちにしたい。
・自然と調和したまちをみんなでつくってＳＤＧｓ11を達成しよう。

《国語》
「よりよい学校生活のために」 **【関連：B-ア】**
・理由や例を挙げたり，具体的に話したり，まとめて話したりするなどして，自分の意見を分かりやすく伝える。

《道徳》
「わたしのボランティア体験」 **【関連：B-イ】**
・自分が社会の役に立つことを自覚し，実践意欲を持つ。

《国語》
「提案しよう，言葉とわたしたち」 **【関連：A-ウ，B-ア】**
・事実と感想，意見を区別して説得力のある提案をする。
《社会》「国土の自然とともに生きる」 **【関連：A-イ】**
・自然災害とその対策，森林の働きとその保全について考える。
《理科》「生命のつながり(5)」 **【関連：A-ウ】**
・生命の連続性を捉え，生命を大切にする心を持つ。

（例）内容面での補完→A-ウ

事例5　5校協働川プロジェクト
【大牟田市立上内小学校，玉川小学校，吉野小学校，明治小学校，中友小学校】

（1）5校が協働で取り組むESDの意義

　大牟田市には，有明海に注ぎ込む4水系（隈川，堂面・白銀川，大牟田川，諏訪川）の河川がある。

　この河川を5校の子供たちがそれぞれ探究し，交流することを通して，以下の学びが期待できる。

大牟田市を流れる川と流域の小学校

○ホタルが飛び交う地域，公害を乗り越えた市街地を流れる地域等，校区それぞれの視点に立つことによって豊かな学び合いができる。

○上流域から下流域まで，水質や生息する生物等，現地で体験的に調査・研究できる。

○上流から下流に行くにしたがって水が汚れ，その原因が人間の日常生活に関係していることを探究できる。

○それぞれの校区において身近な川が全て，多様な生き物が生息する宝の海「有明海」に流れ込んでいることを理解し，視野を広げることができる。

○川の実態や周辺環境，生息する生物に詳しいネイチャーガイドをGTとして活用できる。

　このようなことから，5校での協働した川を通したプロジェクトを進め，目的や課題を共有しながら学び合い，つながりを深めることにより，地域の自然環境を守り，大牟田のまちづくりを進めるために自分なりに考え，行動する子供を育てていく。さらに，子供たちが身近な川を調査・研究し，まとめていくというローカルな学習活動から，身近な川が地域の海に，そして世界中の海の環境保全につながるといったグローバルな視点につなげていくようにする。

（2）本実践で目指すSDGs

　自分たちの住む校区を流れる身近な川に着目して，現状から課題を見出し，調査・研究を通して解決方法を考え，広く発信できる子供を育てたい。これは，豊かな自然と調和したまちづくりの担い手として活躍する未来人の育成につながる。このような実践で，SDG15「陸の豊かさも守ろう」に貢献できると考える。

　大牟田市の川は，どれも大切な宝の海「有明海」へとつながっている。その美しさを守っていくためにも，それぞれの川の環境を守る活動を友達や地域の方等，多様な他者と協働して取り組もうとする子供を育てたい。このような実践で，SDG14「海の豊かさを守ろう」，SDG17「パートナーシップで目標を達成しよう」に貢献できると考える。

（3）各学校の実践内容

　5つの学校の子供たちは，それぞれの校区の特徴に合わせて課題を設定し，水質や生き物，水辺の環境等を調査・研究した。校区を流れる川のすばらしさや歴史等に触れ，また，課題を解決していく中で，環境保全の意識を高めていった。そして，川を守るために自分たちでできることを考え実践するとともに，学校内だけでなく地域へ発信するようになった。

❶上流域の学校
○「校区を流れる川の環境を調べよう」（大牟田市立上内小学校　第4学年）

　上内小校区は，大牟田市の北東部の山間部に位置し，校区を流れる岡川は，白銀川に合流する。みかん山や田畑に囲まれた自然豊かな中を流れる養分豊かな岡川は，米作りに使われ，初夏にはホタルが飛び交い，地域の人々の暮らしとの関わりが深い川である。

　子供たちは，岡川の環境を調べるために，まず岡川の水や生き物を採取した。そこで，水質について調べ，岡川は汚れが少なく，透明度の高い水であることが分かった。また，ホタルの幼虫の餌になるカワニナやカワムツ，オイカワ等，きれいな水でしか生息できない生き物をたくさん採取できたことからも，「岡川は，とてもきれいな川なので嬉しかった」「上内小校区の人たちは，水に感謝し大切にしている」と校区の自然への愛着を深めた。

岡川で生き物を見つける子供

　「この岡川の水は，どこへどのように流れていくのだろう」「きれいなままかな」と疑問を持った子供たちは，住宅が多くなる下流の水を同じように調査した。すると，下流の水は汚れが目立ち，生き物の数も随分少なくなっており，その原因に着目していった。すると，「川を汚す原因は，自分たちの出す生活排水や何気なく放棄するごみが原因である」ということを明らかにしていった。調査に参加してもらったGTからは，「川が汚れることは，海を汚すことにつながり，私たちは，その汚れた水で育った魚を食べることになる」ことを教えていただいた。

　そこで子供たちは，「貴重な生き物が多く生息し，水がきれいな岡川の環境を守るために自分たちにできることはないだろうか」と考えた。授業参観の際に，自分たちが調べ，考えたことから，「きれいな校区の川を守るために自然に優しい洗剤を使いましょう」「できるだけ少ない量を使うことに協力してほしい」等と保護者へ呼びかけた。その後，自ら実践していった。さらに，学習発表会等を通じて，学校や地域・保護者の皆さんに，「たくさんの恵みをもたらしてくれている川を守る取組をみんなで一緒に進めていこう」と思いを込めて発信した。

○「ふるさと玉川の自然を守ろう！鳴川探検隊」（大牟田市立玉川小学校　第4学年）

　玉川小校区は，大牟田市の南東の山間部に位置し，自然があふれ，諏訪川水系の上流部である鳴川が流れている。そこで，総合的な学習の時間に鳴川について調べる学習を設定した。

　1学期は，鳴川の環境を調べるために，川の水を採取し，まず，CODパックテストを行って，川の水の汚れ度合いを調べた。その結果，鳴川の水がとてもきれいであることに気付くことができた。次に子供たちは，透視度計を使って透明度を調べた。その結果，鳴川の水は澄んでいることを確認することができ，子供たちは，「水がきれいな玉川校区だ」と，自慢気であった。また，生き物を採取したところ，オイカワやカワムツ，カワニナ，ドンコ等，鳴川が実に様々な種類の生き物が生息している豊かな川であることを実感した。そして，「この川の先につながっている諏訪川の水は，一体どのようになっているのだろうか」という疑問を抱いた。

　2学期は，この疑問を解決するために，諏訪川の環境や水質を調べた。まず，上流と中流で，鳴川と同じように生き物を採取し，採取した生き物を点数化して水の汚れ具合を調べた。その結果，上流ではサワガニやカワニナ等の生き物が見つかり，「きれいな水」であるということが分かった。中流でも，ユスリカやトンボの幼虫等の生き物が見つかり，上流と同じく「きれいな水」であるということが分かった。次に上流・中流・下流の3地点の水を採取し，CODパックテストと透視度計調査を行うと，「下流に行くにしたがって汚れている」ことに気付いた。そして，「川を汚す主な原因が私たちの出す生活排水である」ということを明らかにしていった。

　これらの活動から，子供たちは，川の環境や生き物たちを守るために何ができるのかを様々な資料で調べ，「皿を新聞紙やティシュ等で拭いてから洗うようにしよう」「洗剤の量を最低限にしよう」「川にごみを捨てない」ことを日々の家庭生活の目標と決め，保護者と共に実践していった。また，「環境を守っていくためには，多くの人々の協力が必要だ」という思いから，全校児童や保護者，地域の方々へ学習発表会や地域の催事において，ポスターセッションやプレゼンテーションを行い，積極的に発信している。

❷中流域の学校

○「有明海につながる白銀川・隈川の環境を守ろう」（大牟田市立吉野小学校　第5学年）

　吉野小校区は，大牟田市の主な河川である白銀川と隈川が流れており，その中流域にある。校区には豊かな自然が残る一方，近年，新幹線の駅の開業，道路の拡張等の開発が進んでいる。

　子供たちは4年生のとき，校内のビオトープにいる絶滅危惧種のメダカ等を守る活動を行い，絶滅危惧種の生き物を守ることはとても大切であるが，実行するのは難しいことも体験を通して実感している。そこで，5年生になって，さらに地域に目を向け，地域の川を守るために，自分たちにどのようなことができるのかを考えていった。

　そのために，まず，白銀川の上流，中流，下流へ，GTと一緒に出かけた。水質や川辺の様

子，生き物について透視度計やCODパックテストを使い，水の透明度や汚れについて調査をした。白銀川の上流は，豊かな自然環境に恵まれ，川幅は狭いがカワニナ，サワガニ，オイカワ等の生き物を採取することができた。次に，川の中流の調査をすると，川幅は広くなるが，ごみが落ちていて水も汚れていた。さらに，下流の様子や水の汚れについても同様であった。また校区を流れるもう一つの河川「隈川」についての調査活動を生かして調査を進めた。

　そこで，調査結果を班で地図を使って川の様子を整理してみると，白銀川，隈川いずれも「上流はきれいな水であるが，中流，下流に行くにつれて，汚れている」ことや「周りの環境をみると，住宅が多くなっている」ことが分かった。そのことから，「自分たちが流している生活排水が川を汚しているのではないか」と考え始めた。

　そこで，その後，川を守る活動を考え，「自分で」「みんなで」できることを話し合い，友達や家族と協力しながら，「油は，紙等で拭き取る」「洗剤を使いすぎない」等を実践した。また，白銀川・隈川を守るために，調査から明らかになったことや自分たちの思いや願いをまとめ，「ポイ捨ては，絶対やめよう」「自然に優しい洗剤を使おう」等とユネスコスクールフェスティバルで他の学年や地域の方，保護者の方に発信した。

❸下流域の学校
○「ぼくたち，わたしたち堂面川環境探検隊！」（大牟田市立明治小学校　第5学年）

　明治小校区は市街地にあり，堂面川水系の下流域にある。この校区を流れる堂面川に対して，子供たちは，「水が濁り，川岸や川底の泥もぬかるんでいて，あまりきれいだとは感じない」と思うと同時に，「身近な川の状態がこのままでよいのだろうか」と疑問を持っていた。

　そこではじめに，水質や生息する生き物を調べることで，校区の堂面川がどのような実態なのか捉える活動を行った。実際に川に入った子供たちは，「川底の汚れや落ちているごみが目についた」「川岸はコンクリートで護岸工事がなされていた」等に気付いた。しかし，何人かの子供は，「水は見た目ではそれほど汚れてはいなかった」と捉えていた。そこで，水質について透視度計とCODパックテストを用いて汚れ具合を数値化することにした。透視度

堂面川下流を調べる子供

計とCODパックテストの結果から「下流域はあまりきれいではない」ことを明らかにした。すると，川にビニール袋等のごみが目立つ現状を目の当たりにした子供たちから「川のごみをきれいにしよう」と声が上がり，みんなで清掃した。これら一連の活動で，子供たちは，「自分たちで自分たちの校区の川の環境を守ろう」との思いを深めていった。

　子供たちは，下流の水が汚れている原因を探るため，大牟田市の環境資料を使って調べてみ

た。すると，川を汚す原因のトップが生活排水の流入であることが分かった。生活排水の流入を防ぎ，堂面川の美しい環境に保つために，活動で分かったことやまとめたことから「ポイ捨てをしない」「ごみを拾う」「食べ残しをしない」等を実践したり，学習発表会やユネスコ集会等の場で「洗剤をあまり使わず，最小限で」「油は拭き取って」等，川の環境を守る取組をみんなで実践しようと他学年，保護者，地域の方々に広く発信したりすることができた。

○「大牟田川の環境を守ろう」（大牟田市立中友小学校　第4学年）

中友小校区は市街地にあり，大牟田川の下流に位置するとともに有明海に隣接している。

まず，GTと一緒に大牟田川の観察を行った。大牟田川近辺の植物や水辺に棲む生き物（カニやムツゴロウ），全滅危惧種のカニ（シオマネキ，ハクセンシオマネキ等）がいることを知った。

このように，多様な生き物が生息する大牟田川であるが，子供たちは，昔の大牟田川は，工場から出される排水等で，油が浮いていたり異臭がしたりしていて，新聞記事によると，浮いた油にたき火の火が引火し，大きな火災が発生する等，生き物が生息できない川だったことを知った。また，地域の方々の努力もあり，川の環境が改善され，生き物たちが戻ってきたことを学んだ。

透視度計を使った水質調査

そして，「今の川の水はどのような状況なのか知りたい」と考えた子供たちは，水質調査をすることにした。水質調査は，川の透明度を測る装置を使って実施した。透視度と水質を測定するCODパックテストの結果から，大牟田川の下流は，水質が改善されてきていることが分かった。子供たちは，これらの一連の調査活動を通して，「川の環境を守り，貴重な生き物たちを守りたい」「自分たちにできることはどんなことかな」と考えるようになった。

そこで，GTに取材して，川の汚れの原因と影響について調べた。川を汚す一番の原因は生活排水であると知った子供たちは，住宅や店舗が建ち並ぶ大牟田川流域で，川を汚さないようにするために，自分たちにできることとして，「①食べ残しや飲み残しをしない，②油を流さない，③洗剤をあまり使わない，④ごみをポイ捨てしない」と4つの取組を考え，実践した。さらに，このことを多くの人たちに知ってもらうことが必要であると考え，「ユネスコスクールの日集会」で大牟田川の環境を守る大切さを訴え，他学年，保護者，地域の方へ発信した。

（4）5校合同・川サミット

2学期，5校の子供たちが集まって「5校合同・川サミット」を開催し，それぞれの学校での学習成果を共有した。ポスターセッション形式で，これまで学んだことや考えたこと，実践してきたこと等を発表し合い「ホタルが見られるような美しい川があってすごいな」「昔，油

が浮いているくらい汚れていたとは知らなかったよ」等，校区ごとの違いに気付くことができた。また，上内小・玉川小校区は上流域で水がきれいなのに対し，明治小・中友小校区は下流域で，水の汚れが目立つことが明らかになった。さらに，「どの川も下流に行くと汚れている」「ごみが多い」「水の汚れの主な原因は，生活排水であり，自分たちが川を汚している可能性がある」と，5校で調べた川の汚れとその原因の共通性に気付くことができた。そこで，「各学校で考え取り組んでいることに共通点があるので，これを5校一斉に取り組んでみよう」と話し合った。また，全ての川には，たくさんの生き物が棲んでおり，全ての川は，宝の海「有明海」につながっている。5校合同川サミットの総括として学習に熱心に関わってくださったGTより，「みんなで協力し，川を守ることが有明海を守ることにつながる。そして，その海は，地球の7割を占める全世界の海につながっている」と話をしていただいた。

5校合同川サミットで発表する子供

　子供たちは，サミットの達成感を味わうとともに，自分たちの取組の重要性を改めて自覚し，「美しい海につながる川の環境は大切だ。自分たちの校区だけでなく，市内の全ての川で同じように環境を守る行動をしていこう」と今後の具体的な行動の見通しを持つことができた。サミット後，各学校で実践している。

（5）さらなる実践の充実に向けて

　子供たちは，川プロジェクトの学習を通して，自分たちの学びを発信する必要性に気付き，保護者や地域の方々に向けて学習発表会等で発表したり，「大牟田市ユネスコスクール・SDGs／ESD子どもサミット」において，多くの市民の方々に発信したりして，協力をお願いしてきた。さらに，「自分たちが未来の社会を創る主役となっていくのだ」という自覚のもと行動していた。これらの取組は，まさに大牟田市の「持続可能なまちづくり」へとつながっている。

　今後，さらに学びを充実させるため，以下4点の学習活動を想定し，プロジェクトの導入段階から情報を交換し合うことで，学習課題を設定したい。また，展開段階であっても，調査結果を共有することで，学びが深まり，実践と発信力が高まると考える。具体的には，オンライン会議システム等のICTを効果的に取り入れていきたい。そして，各学校で行う学習を連携させ，さらなるつながりの充実を図りながら，考えを深め，よりよい未来に向けて行動できる子供たちを育んでいきたい。

① 5校共通の目標を設定するとともに，各学校に応じた学習課題を交流する。
② 川についての調査結果や調査を通して考えたこと，実践したことを交流し学び合う。
③ 川の環境についての学習成果を共有し，今後の取組について協議する。
④ 川プロジェクトの発信の方法として，地元FM放送や新聞社等，マスコミも活用する。

（1）大牟田における海洋教育の意義

　「海洋教育は，海洋と人間の関係についての国民の理解を深めるとともに，海洋環境の保全を図りつつ国際的な理解に立った平和的かつ持続可能な海洋の開発と利用を可能にする知識，技能，思考力，判断力，表現力を有する人材の育成を目指すものである。」（海洋教育政策財団「21世紀の海洋教育に関するグランドデザイン（小学校編）」より）とあるように，海洋を通して持続可能な社会の創り手を育成することを目指している。

　大牟田市が面する「有明海」は，四方を陸地に囲まれた内海であり，たくさんの河川が流れ込み，その河川より流れ出した栄養分が豊かな土砂で形成された広大な干潟を有する海である。そのため，大変珍しい生物が生息するとともに，潮の干満の差も大きく，古くから干拓が盛んに行われ，耕地として利用されている。また，世界文化遺産「三池港」を有している。

　そこで，大牟田市における海洋教育の意義を次のように考える。

〇日本有数の干潟をもつ宝の海「有明海」の豊かな自然と恵み（水産物）を知り，海に親しみ，森・川・海の環境を守る。　　　　　　　　　　　　　　　　　　　　　　　　　（環境的側面）

〇大牟田のまちの発展の礎となった世界文化遺産「三池港」の歴史や海を通した世界・他地域とのつながり（貿易）を知り，海を活用した港湾都市としてのまちづくりへのビジョンを持つ。　　　　　　　　　　　　　　　　　　　　　　　　　　　　　（社会・経済的側面）

　このように，大牟田市の海洋教育は，宝の海「有明海」を通して海と人との共生について考え，行動することを通して持続可能な社会の創り手の育成を目指すものである。

（2）4校が推進する大牟田市海洋教育の構造

　大牟田市では，地理的特徴を生かした海洋教育を推進している。有明海に面するみなと小学校，有明海に注ぐ諏訪川下流に位置する天領小学校，諏訪川中流域の駿馬小学校，そして，諏訪川上流であり山間部に位置する天の原小学校の4校が推進校として森・川・海をつないだデルタ型の海洋教育を展開している。この4校がそれぞれ海洋教育を推進するとともに，計画的

森と川と海をつないだ流域での海洋教育

に学習交流会を行うことで学びに広がりと深まりが見られている。

（3）本実践で目指すＳＤＧｓ

　森・川・海をつないだ海洋教育を通して，有明海における人と海との関係について，そのよさを持続させるために自分にできることを考え，行動する子供を育みたい。このような実践で，SDG14「海の豊かさを守ろう」に貢献できると考える。

　有明海や三池港を生かした海洋教育を通して，豊かな自然と調和したまちづくりについて主体的に考え，発信・行動できる子供を育みたい。このような実践で，SDG11「住み続けられるまちづくりを」に貢献できると考える。

（4）実践例Ⅰ　第３学年「有明海・見つけたよ　海の生き物！」

❶授業づくりのポイント

　有明海は，潮汐による干満の差が日本で最も大きいため，広大な干潟が発達しているのが特徴である。

　そこで，本単元では，まず，有明海の特徴である干潟を観察させ，身近にある海には様々な生き物が生息していることや，干潟に棲む珍しい生き物もいることに気付かせ，有明海の生き物について調べてみたいという学習課題をつかませる。

　次に，ネイチャーガイドなどのGTに，干潟に棲む生き物の特徴や生態について話を聞いたり，図鑑で調べたりすることで有明海について知り，他の学年や他の学校にも伝えたいという意識を高める。

　そして，自分たちが調べた有明海の自慢や不思議さを発信する「海まつり」を開催する。「海まつり」は，自分の学校内だけではなく，市内の同じ海洋教育推進校の３年生を招待して開催し，学びの交流の機会にもしていく。

❷単元目標

○干潟観察を通して考えた課題に応じて，有明海に棲む生き物の種類や生態について調べ，様々な生物が様々な生態で有明海に生きていることを理解することができる。

(知識及び技能)

○生き物について調べたことをもとに，生き物にはそれぞれの種に応じた多様な生態があることについて考え，多様な生き物が生息できる有明海のすばらしさについて「海まつり」で発信する。　　　　　　　　　　　　　　　　　　　　　(思考力，判断力，表現力等)

○有明海に棲む様々な生態の生き物に関心を持ち，同じグループの友達と協働しながら調べ，人間も含め多様な生態があることをもとに，生き物の生活や命を尊重しようとすることができる。　　　　　　　　　　　　　　　　　　　　　(学びに向かう力，人間性等)

（5）学習活動の実際（特徴的な活動）

❶干潟観察を通して海に親しみ，調べたことを発信する

　３年生の子供たちにとっては，海を身近に感じ海の不思議さや面白さから学習をスタートすることが重要である。そこで，身近にある有明海について関心を持ち，学習課題をつかむことができるように干潟観察を行った。子供たちは，発見した生き物の特徴や生態についてGTに尋ね，干潟には様々な種類の生き物がいることや干潟にしか棲めない珍しい生き物がいることを知り，「干潟の生き物についてもっと調べたい」「調べたことを１年生に教えてあげたい」等と学習課題をつかんだ。

　子供たちは，有明海の生き物の種類や生態について，図書館の図鑑やインターネット，GTへのインタビュー等の方法で調べ，多様な生き物が生息できる有明海のすばらしさを見つけていった。

　その後，「有明海のすばらしさを多くの友達に知ってもらいたい」と考え，「海まつり」を開催した。自分たちが生き物について調べたことや多くの珍しい生

干潟観察で生き物を見つけた子供たち

き物が棲む有明海を大切にするために考えたことをクイズやゲームで紹介した。さらに，「海まつり」は，低学年に有明海の生き物について紹介するだけではなく，同じく海洋教育を推進している学校を招待し，学びを共有し，有明海とその生き物への愛着を深めた。

❷ストーリーで学年の学習活動をつなぐ

　第３学年で海に親しみ，海の生き物について知った子供たちは「大切な海の自然を守っていきたい」と意識を高め，海の環境を守る，有明海のよさを多面的に理解し，海との共生について考え，行動する学びへと高めていく。そこで，第４学年では，有明海や有明海に注ぐ川の環境を守るために自分たちができることを考え行動する活動に取り組んだ。カヌー体験では，川での自然活動の楽しさに触れるとともに，水の濁りや川岸のごみ等から課題を見出し，「諏訪川・有明海環境保全隊」として，流域ごとの水質や透視度，生き物調査を通して，生活排水による水の汚れ方，家庭でできる川の環境を守る活動を，自ら工夫して実践するとともに，地域へ発信した。第５学年では，社会科との関連を図り，世界文化遺産「三池港」の価値や自分たちの生活との関係について調べ，海を活用することが生活や経済，まちの発展に大きく関わっていることについて考えた。また，国土交通省の協力を受け，「三池港クルージング」や「清掃船『海煌』の見学」やみなと振興室から三池港の活用について学ぶ等，三池港の価値を多面的に捉えていった。そして，三池港の歴史や価値，その魅力を伝えるリーフレットを作成し発信した。このような学びのストーリーの中で，子供たちは主体的に考え行動していった。

（6）実践例Ⅱ　第6学年「海と人とを通して見えた大牟田のまち」

❶授業づくりのポイント

　本単元では，まず第1ユニット「大牟田の人たちの思いを知ろう」で5年生までの海洋学習を踏まえ，様々な立場の方々から大牟田のまちについての思いを聞くことで，大牟田のよさや課題について知り，これからの大牟田のまちづくりについて考えていくという学習課題をつかませる。

　次に，第2ユニット「團琢磨のようにこれからのおおむたのまちを考えよう」では，人口減少やごみ問題など大牟田市の課題ごとにテーマを設定して，課題の解決について追究し「大牟田のまちづくりプラン」を考えさせる。

　そして，第3ユニット「まちづくりプレゼン会をしよう！」では，自分たちが考えたプランを，学習でお世話になった関係機関・団体にプレゼンにより提言し，感想や意見をもらうことでこれまでの学習の価値付けを図る。

　さらに，「海洋教育こどもサミット in おおむた」において九州地域の海洋教育推進校と学習成果を交流したり，東京大学で開催される「海洋教育全国サミット」において全国へ発信したりしていく。

❷単元目標

○有明海の魅力と人間生活とのつながりを学習することを通して，有明海の魅力が生活を豊かにしていることを理解し，その探究の技能を身に付ける。　　　　　　　　　（知識及び技能）
○有明海とまちづくりとのつながりを探究し，大牟田を住みよいまちにするための有明海を生かしたまちづくりプランを考え，発信する。　　　　　　　　（思考力，判断力，表現力等）
○自分たちが考えたまちづくりプランを実行するために，今の自分にできることから行動し広めようとする。　　　　　　　　　　　　　　　　　　　　　（学びに向かう力，人間性等）

（7）学習活動の実際（特徴的な活動）

❶大牟田のよさや課題について調べ，学習課題を設定する

　第1ユニットでは，大牟田市におけるまちづくりの課題を知るために様々な分野からGTを招き，話を聞く場を設定した。

　子供たちは，市長から大牟田の歴史や世界文化遺産を生かしたまちづくりについての考え，少子高齢化で人口減少が進んでいる課題などを聞いた。また，世界遺産・文化財室や青年会議所，三池港で働く方からも大牟田のよさや課題・願いについて聞くことができた。この活動を通して，これまでの海洋学習から「大牟田のまちづくりについて自分たちで考えてみたい」という課題意識を持つことができた。

❷まちづくりの課題ごとに解決策を考え，まちづくりプランをつくる

　第2ユニットは，子供たちは，大牟田のまちづくりの課題を解決する「まちづくりプラン」をつくる活動に取り組んだ。子供たちは，解決できそうな事例をこれまでの海洋学習で学んだ有明海や三池港の特色を生かして，「有明海の自然や特産物の海苔を生かせないか」「干満の差を生かした干潟公園はできないか」「高齢者に栄養価の高い有明海の海産物を使った料理を提供できないか」等，様々なプランをつくっていった。また，考えたプランについて他の海洋教育推進校とテレビ会議を通して交流し，お互いの学習について意見交換をすることで，自分たちの取組について見直したり価値付けたりする機会にもなった。

❸自分たちで考えたプランを発信する

　第3ユニットでは，学習活動の中で話を伺った方々に，自分たちで考えたプランを発信する「まちづくりプレゼン会」を開催した。

　当日は，青年会議所や市役所産業振興課，観光おもてなし課の方々に来ていただき，ワークショップ形式で発表を行った。子供たちは，「有明海の自然を生かした干潟公園による観光客の増加」「有明海の海産物を使った高齢者に優しい料理」「マイクロプラスチックを含めた有明海の環境保全」など，画用紙や模造紙にまとめた自分たちのプランを発信した。聞いていただいた方々からは感想やプラ

まちづくりプランを発表する子供

ンを実現する上での課題などのコメントをもらうことで，学習への価値付けを行った。

　さらに，この単元での学びを広げ深めるために，九州地域の海洋教育推進校が一堂に会しての「海洋教育こどもサミット in おおむた」での学習交流や，東京大学で開催される「全国海洋教育サミット」の場を活用し，郷土の有明海を生かした持続可能なまちについて発信していた。

（8）大牟田市海洋教育推進校4校における学びの交流

　大牟田市海洋教育推進校の4校は，子供たちの学びを共有し交流することで「森と川と海をつないだ流域での海洋教育（デルタ型海洋教育）」を推進している。

　年間計画（pp.100-101参照）にあるように，各学年の実践交流とともに，特に6年生において，交流・発信を通して海洋教育の学びを共有している。

❶海洋教育推進校学習交流会

大牟田文化会館において，市内の海洋教育推進校４校の６年生が一堂に会し，海洋教育についての関心を高め，各学校の学習計画について交流することを目的として開催した。

初めて顔を合わせる子供たちということで，お互いを知り合う「アイスブレーキング」から始まり，GTによる「海洋クイズ」，各学校からの学習計画や活動についての発表・交流を行った。さらに，東京大学大学院教育学研究科附属海洋教育センターの主幹研究員である及川幸彦氏による講話もいただき，１年間の取組についての価値付けを行った。

❷学習成果を発信・交流する場としての「海洋教育サミット」

各学校の６年生が，次のようなサミットで学習成果を発信し，交流している。

１つは，九州地域の大牟田市以外の推進地域・学校も参加しての「海洋教育こどもサミット in おおむた」である。このサミットには，佐賀県玄海町・唐津市，鹿児島県南さつま市，沖縄県竹富町・糸満市等の子供たちが参加し，学習成果の発信と交流を行っている。それぞれの地域の海によって特徴や課題が違うことや共通点，また，海を守り共に生きていくことの大切さや取組などについてポスターセッションやパネルディスカッションを通して学び合っている。

ポスターセッションで発表する子供

さらに，東京大学で２月に開催される「海洋教育全国サミット」での発表の機会をいただき，代表児童が自分たちの取組について，全国に発信している。

（9）児童の変容とさらなる実践の充実に向けて

低学年の生活科における季節ごとの自然や生き物に親しむ学習から中学年以降の総合的な学習の時間を中心とした海洋教育を通して，子供たちは今まで気付かなかった身近な自然や環境に目を向け，関わろうとする姿が見えてきた。特に，人と海との共生について，森から川へ，そして海へと連続した視点で考え，美しい川や海を守るための清掃等の行動や自分たちの生活を見直しての行動，さらに，周りの人たちに広げる行動が見られるようになってきた。また，他校との交流や発信の機会を通して，発信する内容や方法を考え，効果的な発信について思考・表現する力が高まってきた。

今後は，さらに４校でのカリキュラム連携の充実を図っていく必要がある。

海洋教育推進校の全体計画・年間計画

大牟田市海洋教育推進校（4校）の研究推進計画

月	みなと小学校	天領小学校	駒馬小学校	天の原小学校
4	○研究計画の立案 ○研究推進委員会	○研究計画の立案 ○研究推進委員会	○研究計画の立案 ○研究推進委員会	○研究計画の立案 ○研究推進委員会
	海洋教育推進協議会			
5	海洋教育推進協議会ワーキンググループ会議			
	有明海を学ぶ会取材（3年）みなと振興室取材（4・5年）	諏訪川カヌー体験（4年）	諏訪川カヌー体験（4年）	
6	3年「有明海の干潟観察」		3年「有明海の干潟観察」	
		みなと振興室取材（5年）		野間川の環境調査（5年）
	海洋教育推進協議会			
	海洋教育九州・沖縄連絡協議会 in 博多			
	浜辺の観察（1・2年）			有明海の生き物調べ（3年）
7	海洋教育推進協議会			
	海洋教育推進協議会ワーキンググループ会議			
		校内海まつり（3年）		
	海洋教育推進校学習交流会			
8	ユネスコスクール・ESD全国実践交流会 in 大牟田 海洋教育分科会			

月	みなと小学校	天領小学校	駒馬小学校	天の原小学校
9	○研究推進委員会	○研究推進委員会	○研究推進委員会	○研究推進委員会 有明海汽水域の生物調査（6年）
10	海洋教育推進協議会			
	海洋教育推進協議会ワーキンググループ会議			
	有明海の環境調査 （4年）	諏訪川環境調査 （4年）	諏訪川環境調査 （4年）	
11	「三池港」見学・クルーズ			
	三里漁協取材（6年） 湿地センター見学 （6年）	旧三池海水浴場の 環境調査（5年）		有明海の環境調査 （4年）
	6年「海洋教育こどもテレビ会議」			
12	3年「海まつり」in 天領			有明海の環境調査 （4年）
	海洋教育推進協議会ワーキンググループ会議			
	海洋教育推進校合同職員研修会			
1	海洋教育推進協議会ワーキンググループ会議			
	○研究推進委員会 ユネスコスクール集会 成果・ポスター展示	○研究推進委員会 ユネスコスクール集会 成果・ポスター展示	○研究推進委員会 ユネスコスクール集会 成果・ポスター展示	○研究推進委員会 ユネスコスクール集会 成果・ポスター展示
	海洋教育こどもサミット in おおむた			
2	海洋教育推進協議会ワーキンググループ会議			
	全国海洋教育サミット（東京大学）発表			
3	「学習発表会」 　成果発表 ○研究のまとめ	「学習発表会」 　成果発表 ○研究のまとめ	「学習発表会」 　成果発表 ○研究のまとめ	「学習発表会」 　成果発表 ○研究のまとめ

（1）本校のＥＳＤの特徴

　本校は，少子化に伴う学校再編によって開校した全校生徒数288名の学校である。教育目標「志を持ち自ら考え行動できる生徒の育成」を掲げ，グローカル人材の育成に努めている。本校区内の3つの各小学校区には，「まちづくり協議会」や「社会福祉協議会」があり，小中学校の教育活動をサポートしていただき，小中9か年を通した児童生徒の育成に取り組んでいる。

　本校では，校務分掌に，ESD推進部，ユネスコスクール担当，地域連携コーディネーターを位置付けている。また，学校と地域の方々との連絡調整を図り，地域の「ひと」「もの」「こと」を教育課程と結びつけ，様々な「つながり」や「かかわり」を大切にしながら，学校教育目標の達成に向けた取組の充実を図るとともに，持続可能な社会の構築を目指して，ESDを核とした教育活動に取り組んでいる。特に，校区の高い高齢化率を背景とした福祉学習には重点を置き，持続可能な地域づくりを担う地域と協働で行動できる生徒の育成を目指している。

（2）教材について

　本校区は，共生社会の構築に向けた「認知症ケア」についての先進地であり「誰もが安心して住めるまちづくり」を目指して様々なシステムが構築されている。そのシステムや内容は全国でも注目されている。この取組は，「誰一人取り残さない」というSDGsの理念にも合致しており，本校では，「福祉に対する知識・理解，福祉に対する実行力，福祉に対するこころ」を育むことを柱として，カリキュラムマネジメントの観点からストーリーマップとSDGsマトリックス（題材に関わる教科内容を示した概略図）を作成している。少子高齢化は本市のみならず，国内各地域が抱えている課題であり，未来を生き抜く生徒たちにとって不可避の課題である。

（3）本実践で目指すＳＤＧｓ

　認知症に関わる学習や幼児，高齢者等と関わる活動を通して，「福祉に対する知識・理解・実行力・こころ」を育み，SDG3「すべての人に健康と福祉を」に貢献できると考える。

　また，福祉の視点に立つ「持続可能なまちづくり」について考え，Withコロナの時代においても可能な行動化を通して，誰もが住みやすい温かいまちづくりSDG11「住み続けられるまちづくりを」に貢献できると考える。

（4）単元の指導計画（ストーリーマップ　pp.106-107参照）

❶授業づくりのポイント

　生徒たちのこれまでの体験を踏まえ，持続可能な地域社会を創造しようとする生徒自身の「問いと思考のながれ」を重視し，共生社会の実現に向けた生徒の切実感や課題意識をもとに「ひと」・「もの」・「こと」を生かし単元構成を行った。

　まず，「認知症絵本学習」を通して，生徒たちの認知症に対する捉えと認知症に対する正しい見方・関わり方とのズレから課題を設定する。次に，「誰もが安心して生活できる温かいまちづくり」をコンセプトに，地域や行政と連携し「ほっとあんしんネットワーク模擬訓練」「一人暮らしの高齢者宅訪問」等の体験活動を通して，社会福祉に係る取組の理解を深める。そして，行政担当者や地域の民生委員の方々，高齢者へのインタビュー等を考え調査を行う。その後，国内のユネスコスクールとの交流や海外の状況を把握する学習を通して，事象を多面的・多角的に考察する。これらの学びを通して，自分たちがなすべきこと，自分たちにできることについて議論を行い，提言文を作成する。最後に，これらを踏まえた主体的な行動を促す。

❷単元目標

○認知症に関わる絵本学習や一人暮らし高齢者宅訪問等の体験を通して，福祉の現状やサポートの必要な人々の生活を支える仕組み，人々の取組や思いに気付き，持続可能な地域社会をつくるための自分の役割について考え，行動することができる。　　　　　　（知識及び技能）

○持続可能な地域社会をつくる主体者として，地域の課題を多面的・多角的に考察し，課題の解決に向けて自分にできることを具体的に考え，発信したり，地域の方々への感謝の気持ちを表したりすることができる。　　　　　　　　　　　　　　　（思考力，判断力，表現力等）

○「皆で支え合う温かい地域をつくりたい」という思いを地域の方々と共有するとともに，地域の方々と協働して，持続可能な地域を創るために活動しようとすることができる。

　　　　　　　　　　　　　　　　　　　　　　　　　　　　　　（学びに向かう力，人間性等）

（5）学習活動の実際（特徴的な活動）

❶認知症に関わる絵本学習をする

　本市の認知症コーディネーター等と連携して，認知症に関わる絵本の学習を行った。絵本「いつだって心は生きている」の朗読後，コーディネーターの方々に生徒の小集団に入っていただき，「まちで，みんなで認知症の人をつつむ」「認知症になっても安心して住み続けることができるまちづくり」などの価値観を踏まえ，ワークショップによる学びを進めた。学習後，生徒は，「自分に何ができるか」「認知症の方々といかに関わるか」について協議を深め，「認知症になってもやさしい心は変わらない」「思い出を忘れてしまうことは悲しいことだが，ぼ

くが新しい思い出をつくってあげたい」「高齢者のために，ぼくたちにできることを考えていきたい」等と考えを出し合い，認知症に対する正しい理解のもと，社会福祉に関わる学習課題を持った。

❷「ほっとあんしんネットワーク模擬訓練」に参加する

「ほっとあんしんネットワーク模擬訓練」は，認知症の方が行方不明になった設定のもと，市の様々なネットワークを活用して関係機関に情報を伝達し，捜索，保護するまでの流れを実際に行う訓練である。「高齢者のために自分たちにできることをしたい」という生徒の思いから，生徒たちは，この模擬訓練に参加することになった。

ほっとあんしんネットワーク模擬訓練

事前に，福祉施設の方から，認知症の方と接する方法や話し方などについて学んだ後，校区内で認知症役の方を探して，声をかける模擬訓練を行った。後日，民生委員の方々と市全体で行われる本訓練に参加した。参加した生徒は，「道に迷われているときは，今日の体験を生かして，私が助けてあげたい」「認知症の方への声かけや情報の伝達の仕方は，今後の生活に生かすことができる」とみんなで支え合う社会の一員としての在り方を考えていくことができた。

❸一人暮らしの高齢者宅を訪問する

高齢化率の高い本校区は，一人暮らしのお年寄りの割合も高い。一人暮らしの高齢者をめぐる課題は多く，様々な社会問題となっている。このことを知った生徒たちは，「一人暮らしの高齢者に元気を届けたい」と地域の民生委員の方々のご協力のもと高齢者宅訪問を行った。まず，公民館で，各地区の民生委員からその地区の高齢者やコミュニティの状況について話を聞いた後，民生委員の方と高齢者宅を訪問し，手作

お年寄りと生徒たちの温かい笑顔

りプレゼントを渡した。生徒たちが事前に考えていた言葉かけや接し方により「ありがとう」「元気にがんばって」と笑顔でお礼を言っていただき，生徒たちも温かい笑顔を浮かべていた。

訪問後，生徒たちは「自分事として高齢社会に向き合い，自分に何ができるのか考えていきたい」また，高齢化が加速度的に進行していく地元の様子を見て「みんなが笑顔で暮らすことのできるまちづくりを進めていきたい」等，持続可能な地域社会の構築のために考えなければいけないことや自分たちが取り組んでいきたいこと，今後の地域コミュニティの在り方等につ

いて，民生委員や公民館の役員の方々と意見交換をし，地域コミュニティの未来を担う一員としての自覚を深め，さらなる行動につないでいった。

❹絵手紙を描き，シトラスリボンをつくる

コロナ禍において，様々な体験活動の制限が余儀なくされている今，「With コロナ時代」を見据えた取組を行った。本校区では，毎年実施される高齢者と小中学生とふれあうイベントが中止となった。そこで，生徒たちは，自分たちが描いたメッセージ付きの絵手紙を作成して，社会福祉協議会と話し合い，民生委員さんに孤立されがちな高齢者宅に届けていただいた。

また，生徒の発案で「シトラスリボンプロジェクト」を実施した。このプロジェクトは，誰もが感染するリスクがある中，たとえ感染しても，地域で笑顔の暮らしを取り戻せることの大切さを伝え，感染された方や医療従事者を受け入れ，思いやりがあり暮らしやすい社会を目指すプロジェクトである。「シトラスリボン」の３つの輪は，「地域」「家庭」「職場（または学校）」を表現している。生徒たちは，関係各位へ感謝の意を込めて贈呈した。

シトラスリボンを作成する生徒

（6）生徒の変容

「みんなで支え合う温かい地域をつくりたい」という思いを地域の方々と共有し，地域の方々と協働して，よりよいまちづくりに向けて活動した生徒は，学習後も地域で活躍している。

生徒は，日常的に高齢者の方に声をかけたり，道路で困っている高齢者を助けたりし，地域の方から学校にお礼の電話が届けられている。また，ギネスブック認定記録を目指した「コースターモザイクアート世界一」や「世代間交流そうめん流し」などの地域行事では，企画に関わり，持続可能な地域づくりの主体者として活動を進めている。

（7）さらなる実践の充実に向けて

今後，保育園，幼稚園，小学校，中学校，高等学校をつなぐ「15年間の ESD の学びの絆」をつくりたい。すでに，本校が実施している世界遺産学習では，連携を進めている。また，校区の方々が，「ESD・SDGs 研究会」を立ち上げられ，地域からも学校と協働で持続可能な社会を構築しようとする動きが出てきている。今後，地域や関係機関との連携をさらに深め，生徒たちが主体的に持続可能な地域の未来を創る行動ができるように，教育活動を充実させたい。

【ストーリーマップ】宮原中学校　第３学年　「人が真ん

単元の目標	大牟田市のこれからの福祉（高齢者福祉・障がい者福祉・児童福祉等） 験活動や調査活動を通して，福祉の現状やサポートを必要とする人々を支 まちづくりに向けて地域の方々と協働して活動することができるようにす

月	4月	5月	6月	7月	8月	9月

	課題設定		ステージ１			ステー
総合的な学習の時間	大牟田の福祉の現状を知ろう。「人が真ん中のまちづくり」とは？ 1）市役所健康長寿支援課の担当者の話を聞いたり，パネルを見たりして，大牟田市の福祉の現状を知る。 2）学習課題を設定する。 ・どんなことを？ ・どんな思いで？ ・どんな手立てで？ ・福祉の取組を受け継ぎたい。 ・福祉に関する取組をもっと発展させたい。 ・自分たちにできることは？		「福祉のまちづくり」に関わってこられた方々の思いや調べたことを発信しよう 1）認知症絵本学習 ・認知症ケア研究会の活動 ・絵本「いつだって心は生きている」 2）高齢者疑似体験学習 ・高齢者の方々の思い 3）車いす体験学習 4）ふれあい認知症ウォーク ・ユニバーサルデザインの視点に立つまちづくり ・ノーマライゼーション 5）調べたことを整理し，福祉のあり方について，考えをつくり交流する。 6）自分たちにできることを考え，発信する。			「福祉のまちづくり」が，できることを調 1）課題を解決するた活動について調べ， 2）SDGs達成に向参加する。 ①ペットボトルキャッ ②電力会社・新聞社 ③ふれあいボランティ 3）国際機関等の活動 ・ユニセフ募金活動 4）これまでの活動をを共有する。 ・地域の方や保護者がかった。 ・ハード面とともにソ 5）プランの加筆・修
教科等との関連	《社会》 「持続可能な社会に向けて」 　　　　　【関連：A-ア】 ・持続可能な社会を形成するためには，一人一人の社会参画が重要であることに気付き，自分にできることを意欲的に考える。 《道徳》 「加山さんの願い」 　　　　　【関連：B-イ】 ・社会への奉仕の気持ちを深め，進んで公共の福祉のために尽くそうとする意欲を高める。		《国語》 「社会との関わりを伝えよう」 　　　　　【関連：B-アウ】 ・体験や知識を整理して，話す内容を決め，相手や目的を意識して資料を活用したり話し方を工夫したりする。 《社会》 「共生社会をめざして」 「基本的人権の尊重」 　　　　　【関連：A-ア】 ・基本的人権を踏まえて，共生社会のための努力を知り，自分にできることを考え，表現する。			《地域行事》「はやめカ ・地域の方々の思い・地 《社会》 「国際連合のしくみと ・国連の仕組みや活動に動を通して理解する。 《生徒会活動等》 「ペットボトルキャップ 「シトラスリボンプロジ 「ふれあいボランティア ・生徒会としての自治的

※関連の視点の表記について　内容面＝視点A，方法面＝視点B　ア…強化　イ…付加　ウ…補完

中のまちづくりプロジェクト―ひととまちの100年物語―」

のあるべき姿について，認知症絵本学習や一人暮らし高齢者宅訪問等の体
える社会の仕組みやそれに関わる人々の取組や思いを理解し，持続可能な
る。

	10月	11月	12月	1月	2月	3月

ジ2	ステージ3	行動・発信・振り返り
に向けて，自分たち べ，実践しよう	ＳＤＧｓと福祉・教育・人権・まち づくりの関係を考え，世代間のつなが りを知ろう	「思いやり・親切行動宣言」を 制定し，たくさんの人に発信して いこう
めに，様々な社会貢献 実践を行う。 けた企業等のＣＳＲに プ回収 活動 アパスポート に参加する。 振り返り，成果と課題 応援してくださり，嬉し フト面も大切 正	1）ＳＤＧｓについて知る。 2）「世界で一番大きな授業」へ参加す 　る。 3）社会福祉をめぐる状況について体験 　を踏まえ，多面的・多角的に捉えて考 　える。 　①保育体験学習 　②ほっとあんしんネットワーク模擬訓練 　③いのちの授業 　④一人暮らし高齢者宅訪問 4）体験を振り返り，成果と課題を交流 　し，共有する。 5）他のユネスコスクールとの意見交流 　を行う。 6）服のチカラプロジェクト参加 　・留学生から世界の様子を聞く。 　・Ｆ社からの講話	1）地域包括支援センターや健康 　長寿社会課の方々，民生委員と 　交流会を行い，成果と課題を話 　し合う。 2）プランの加筆・修正 3）「思いやり・親切大牟田中学生 　福祉行動宣言（仮称）」を市リー 　ダーミーティングにおいて，他 　校に提案する。 4）学習した成果を踏まえて，大 　牟田市社会福祉協議会へ行動宣 　言を提言する。 5）シトラスリボンプロジェクト 　を実行し，学習の振り返りを行 　う。 　・地域の「つながり」「かかわり」 　　が大切

ッパ祭り」 　　　　【関連：A-ア，B-ア】 域へのPR 役割」 　　　　【関連：A-イ】 ついて，ユネスコ等の活 回収」 ェクト」 パスポート」 　　　　【関連：A-ア】 活動を行う。	《国語》「話し合って提案をまとめよう」　　　　　　　　　【関連：B-イ】 ・社会生活の中から課題を見つけ，その解決に向けて説得力のある提案をし，観点に 　沿って論理的に整理し，自分のものの見方や考え方を深める。 《英語》「Lesson 9 Education First: Malala's Story」　　　【関連：A-ウ】 ・マララ・ユスフザイさんの国連演説から簡単な英語表現や身振りや表情で，相手に 　思いを伝えようとする。 《技家》「幼児の生活と家族」　　　　　　　　　　　　　　　【関連：A-ウ】 ・幼児の発達と生活の特徴を知り，子供が育つ環境としての家族の役割について理解 　する。 《社会》「少子高齢化と財政」　　　　　　　　　　　　　　　【関連：A-ウ】 ・少子高齢化の進展と社会保障の在り方について，様々な統計資料を読み取り，現状 　や課題を理解する。

（例）内容面での補完→A-ウ

（1）本校のＥＳＤの特徴

　本校区は大牟田市の北東部にあり，北側には住宅地，南側には田園地帯が広がり，学校の側には，大牟田市の主要である白銀川が流れているなど自然環境に恵まれている地域である。その白銀川は，農業用水等，様々な恩恵をもたらしてくれる一方で，これまで，大雨で氾濫し床上浸水などの被害をもたらしてきたため，河川の護岸工事や水害対策のための調節池公園の建設等が進められてきている。

　このような中，本校では，学校目標「志を持って，自ら学び，未来を切り開く生徒の育成」を掲げ，未来のまちづくりを担う，持続可能な社会の創り手の育成を目指している。ESDにおいては，地域の現状から，自然災害に対する備えの意識を高め，「自助」「共助」の視点から，安心安全なまちづくりを進めていくために，地域の方々や関係機関と連携しながら防災・減災教育に取り組んでいる。

　このESDでの学びを通して，身近な課題を自分事として捉え，自分なりに考え，友達や地域の方々と協力しながら，よりよい持続可能な地域のために行動できる生徒を育成している。

（2）教材について

　毎年，大きな自然災害が日本各地で発生し，多くの方々の生命・財産に大きな影響を及ぼしている。大牟田市の主要河川である白銀川が流れる本校区において防災・減災への意識を高め，「自助」「共助」の視点から安心・安全なまちづくりを進めていくことは大きな課題である。

　そこで，安心・安全な持続可能な地域を目指して，地域の方々や地域のまちづくり協議会，校区の小学校等と連携しながら，防災・減災プロジェクトを進めていくことを通して，様々な方々とのつながりを深めるとともに，身近な課題を自分事として捉え，主体的にまちづくりに関わろうとする参画意識と行動力を高めることができる。

（3）本実践で目指すＳＤＧｓ

　安心・安全な橘中校区をつくるために，地域の方の思いや願いに触れ，災害時には，自分で考え正しい判断と必要な行動が取れる生徒を育成したい。このような実践で，「SDG11住み続けられるまちづくりを」に貢献できると考える。

　避難の際には，一人一人を大切にし，特性に応じた配慮や支援ができる生徒を育成したい。このような実践で，「SDG３すべての人に健康と福祉を」に貢献できると考える。

（4）単元の指導計画 （ストーリーマップ pp.112-113参照）

❶授業づくりのポイント

　生徒たちが，持続可能なまちづくりを進めていくためには，防災・減災に対する意識を高めていくことが必要であることを感じ，自然災害から自他の生命を守る行動について主体的に「自助」「共助」の視点から，追究し，行動していくことで社会参画の喜びを実感できるようにする。

　そこで，課題を自分事として捉えさせるために，まず，校区の災害の歴史や危険箇所，調節池公園の役割等をもとに課題を持たせる。次に「自助」の視点から，生命を守るための備えについて，他県の取組等を参考にしながら，追究させる。その後，安心・安全なまちづくりのためには「共助」が必要なことから，保護者や地域の方々と共に学び合う「夜の防災・減災教室」を実施する。暗さや寒さ等を実際に体験することで危機感と緊張感を持ち，備えの重要性に気付かせることができる。その際，関係機関と連携し，「自助」の意識をさらに高めるとともに，「共助」の大切さや在り方を学び合い，具体的な行動に生かせるようにする。さらに，学習したことを生かして，自分たちにできることを考え，学びを発信したり，地域の防災・減災に係る行事に参加したりする等，地域のまちづくりを担う主体者としての意識を高めていくようにする。

❷単元目標

○災害時における自らの安全を確保するための行動と日常的な備えの大切さや周りの人たちと助け合いながら命を守ることの大切さを理解し，自他の安全と生命を守る行動を身に付けることができる。　　　　　　　　　　　　　　　　　　　　　　　　　　（知識及び技能）

○安心・安全な橘中校区をつくっていくために，災害時における判断の拠り所や行動の仕方について課題を持ち，専門家や地域の方との情報交換を通して，自分で考え，正しく判断するとともに，学んだことを地域に発信することができる。　　（思考力，判断力，表現力等）

○自他の生命を尊重し，安全で安心な社会づくりの重要性を認識して，学校，家庭及び地域社会の安全活動に進んで参加・協力し，貢献できる。　　　　　　（学びに向かう力，人間性等）

（5）学習活動の実際（特徴的な活動）

❶防災状況と防災グッズ調査をする

　「自助」の意識を高め，具体的な行動につながるように福島県の被災企業が考案した「一人持ち出し用防災グッズ」をもとに，災害時に必要な物

持ち出し防災グッズの交流

について，特徴や使い方に着目して，交流した。生徒たちは，「バックは，大きめの物で防水加工してあるものがよい」「キッチンラップは，お皿や手が汚れないようにするための代用品として使用できる」等と交流し，自然災害に対する備えについて意識を高めていった。

❷地域と協働した防災・減災学習をする（夜の防災・減災学習）

自然災害への備えについて学んだことを地域の方々と共有するとともに，地域の方とともに助け合いながら，お互いの生命を守っていく行動について学び合うために「夜の防災・減災教室」を実施した。

まず，大牟田市防災対策担当から防災・減災のための考え方や行動の在り方，避難所開設時の簡易テントや防災備品等について，実物を使って学んだ。生徒は，「近くの高齢者に声をかけることは自分にもできそうだ」

夜の防災・減災教室

「本当に避難している気持ちになった」等と実感を伴いながら理解し，行動の見通しを持つことができた。

次に，生徒たちが，保護者や地域住民に向けて，「LEDライトとペットボトルで簡易ランタンができます」「ラップは，紐の代わりにも使えます」等と学習した一人持ち出し用防災グッズの使い方を実演しながら伝えた。さらに，保護者，地域の方々と共に，避難時に防災グッズ以外に必要な物について実演をしながら話し合う等，体験を通して学び合うことができた。

地域の方からは，「災害に備えて準備を進めたい」「こんな中学生がいるから頼もしい」との声が聞かれ，自然災害への備えの意識を高め，自他の生命を尊重した安心・安全なまちづくりへの意欲を高めていた。

❸学習成果をまとめ，発信する

「夜の防災・減災教室」での地域の高齢者との交流で，子供と大人とでは非常時に必要な物が違うことや高齢であるため素早く行動に移せないこと等，新たな課題を持った。

そこで，災害弱者と言われる高齢者の疑似体験や視覚障がいのある方との意見交流等を行い，「サポートが必要な方々を守るために，声かけや避難の際に手を取るなどの援助はできそうだ」等と自分たちができることを考えた。

学習のまとめの作成

そこで，学びを保護者や地域に発信していくために，校区の安心・安全なまちづくりにつながるように学習成果をまとめ，校区の小学校，吉野地区公民館等に掲示していただいた。

❹地域での防災訓練に参加する

本校の生徒たちは，吉野校区総合まちづくり協議会が主催する吉野校区防災訓練に参加した。この地区では初めての取組で，大地震による被災者避難を想定した訓練であった。

生徒たちは，被災者としての参加ではなく，これまでの学習を生かしながら，中学生ができることは何かを考えて，市の防災担当者から説明を受けて，被災者の受付や避難所の施設の設営等の活動を率先して行った。

また，避難をしている地域の人と一緒に，簡易畳を体育館フロアに敷く休憩場の設営，新聞紙を折ってビニールを上からかけた食事用の皿づくり，段ボールと新聞紙を利用した簡易スリッパづくり等を進んで行った。

避難所の施設の設営

その後，今回の体験を踏まえて，避難時における大切なこと等について，意見交換した。生徒は，「中学生の私たちにできることがたくさんあった」「昼間は大人が仕事のため地域にいないので，中学生の自分にできることは重い荷物運びなど，身体を動かすことだ」等と地域社会の一員として，中学生としてできることは何かを考え，具体的な行動について，活発に意見を出し合っていた。

（6）生徒の変容

学習の振り返りでは，「自分自身が防災・減災に対する意識が高まった」「自分の命を大切にしようとする『自助』の意識が高まり，保護者や地域の人々との交流で『共助』を意識しようと思った」「防災・減災に関するニュースを見る回数が増え，家族で非常用持ち出し袋をつくった」「何処へどのように避難するか家族で話し合った」等，生徒の意識や行動に変容が見られた。また，学んだことを地域へ発信し，よりよい校区の実現に貢献しようとする姿が見られた。

（7）さらなる実践の充実に向けて

本校は災害時の指定避難所である。本年度の豪雨による避難所設営の際には，避難所設営に進んで関わる等，生徒が自分で考え行動し，学びを生かしている姿があった。今後も生徒たちの意識の変容を目指し，具体的な行動につながる防災・減災学習を工夫して実践することが必要である。さらに，公助（公共機関の活動）やN助（ネットワーク利用の活動）などの理解と関係機関と連携した防災・減災活動へと発展していく学習を工夫し，安心・安全で住み続けられるまちづくりを担う人材を育んでいきたい。

【ストーリーマップ】橘中学校　第

単元の目標	橘中学校区内の安心・安全をどのように確保するか，自分の考えを持ち ついて話し合い，考えて実践したりすることを通して，家族や地域の て理解し，地域に誇りを持ち，地域の安心・安全に貢献したいという思い

月	4月	5月	6月	7月	8月	9月

課題設定 | **ステージ1** |

総合的な学習の時間

安心・安全について地域の課題を発見しよう

1）校区内の地理的条件を調べ，危険箇所を把握する。
2）安全を確保するにはどのような課題があるかをつかむ。
　・調節池公園について詳しく知りたい。
　・自分たちにできることは何かな。

地域の防災・減災環境について調べよう

1）課題に応じて情報収集を行う。
　・校区内で起きた過去の自然災害等について調べる。
2）校区内の安全マップをつくる。
　・通学路上に調べた危険箇所等を記入する。
3）防災・減災に必要な物は何かを調べる。
　・市販の防災グッズを調べ緊急避難時に必要な物を知る。
　・避難時の使い方を調べる。

住民と連携し，防

1）「夜の防災・減災教説明するための資料
2）目標を達成するた立てる。
　・調べた内容を整理
　・資料を活用し，防災
　・説明担当者がスピー
3）地域・保護者とのら，避難時の行動に
4）実践を振り返り，をする。
5）地域の防災訓練に

教科等との関連

《社会》「日本の諸地域」
　　　　　【関連：A-イ】
・日本の地形の特色
・世界の人々の生活と環境
《国語》「文章を正確に読解する」
　　　　　【関連：A-イ】
・読解した内容と自分の考えを筋道立てて分かりやすく書く。

《理科》「大地の変化・変動（地震・地層)」
　　　　　【関連：A-イ】
・気象の仕組みと天気の変化
・日本の気象
・自然災害の発生の仕組み
《社会》「地形図の読み取り」
　　　　　【関連：A-イ】
・地形の成り立ち
・日本の地理上の特徴

《国語》「対話で適切に
・考えを持って相手と対
《学校行事》「夜の防災
・暗さや寒さを体験しな
《家庭》「住生活と自律」
・災害に備えた住まい方

※関連の視点の表記について　内容面＝視点A，方法面＝視点B　ア…強化　イ…付加　ウ…補完

1学年「防災・減災プロジェクト」

地域に多様な方法で発信したり，友達や家族，地域の方々と防災・減災に
方々の思い・願いが込められた橘中校区の人々のつながりの大切さについ
を行動に生かすことができるようにする。

| 10月 | 11月 | 12月 | 1月 | 2月 | 3月 |

| ステージ2 | ステージ3 |

災・減災のまちづくりを考えよう

室」で，地域の方と保護者に分かりやすく
をつくる。
めの活動について，友達と協力して計画を

し，伝わりやすい言葉を選ぶ。
知識を深める。
チの練習をする。
交流で，友達とアイデアを出し合いなが
ついて意見を出し合う。
これまでの活動を報告する方法を考え準備

参加する。

安心・安全に住み続けられるまちづくりについての思いや願いを話し合い，発信していこう

1）実践のまとめを学年内で交流し，成果と課題を共有する。
　・防災のニュースが気になり見るようになった。
　・家庭で非常用持出バックをつくった。
　・避難時の行動について家族と話し合った。
　・救命救急の技術を身に付け，自分で考え正しく行動したい。
2）プロジェクトを発信する。
　・実践をまとめた資料を小学校で掲示してもらう。
　・地区の公民館にも実践レポートを掲示する。
3）学習の振り返りを行い，学習した内容や行動のよさを実感する。
　・安心・安全を得るためには，防災意識が必要
　・誰もが住みやすいまちにしたい。
　・災害弱者と言われる人々の役に立ちたい。
　・みんなと考えを出し合い工夫して活動できた。

表現し伝え合う」　【関連：A-ア】
話する。
・減災学習」　　【A-ア，B-ア】
がら避難時の行動を考える。
　　　　　　　　【関連：A-イ】
を考える。

《国語》「表現の仕方を工夫して書こう」　　【関連：A-ア】
・ポスターセッションで分かりやすく伝える表現を考え，整理された資料をつくる。
《理科》「地球の明るい未来のために」　　【関連：A-イ】
・未来の地球を豊かに保つためには，どのような行動が必要か考え，行動する。
《英語》「アメリカからの転校生」　　【関連：A-イ】
・情報を伝え合う。
・英語でコミュニケーションをとることができる。
《保健体育》「健康と環境，傷害の防止，救命救急活動」
　　　　　　　　　　　　　　　　　　　　　　　　【関連：B-ア】
・健康と環境の関係を学び，傷害を防ぐための知識を身に付ける。
・自助，共助の活動で必要となる，緊急時の知識・技能を身に付ける。
・他者と協力して救命活動ができるスキルを身に付ける。

（例）内容面での補完→A-ウ

（1）本校のＥＳＤの特徴

　本校における「交流及び共同学習」は，30年近い歴史があり，「社会の一員として生き生きと活動する児童生徒の育成」「自分らしく積極的に相手に関わろうとする意欲の醸成」「障がいのある子供と障がいのない子供との相互理解の促進」等を目指し，近隣の小学校，中学校，高等専門学校との行事交流を進めてきている。近年では，地域の人々や保護者の参加者も増え，交流活動に広がりが見られる。

　このようなことを踏まえ，本校では，「交流及び共同学習プロジェクト」を核としたESDを推進している。近隣の小・中・高等専門学校との交流，居住地校での交流，障がいの有無・世代を超えた「ふれあい共室」，そして，平成24年度からは，ユネスコスクールである新潟県見附市立見附特別支援学校との交流等，様々な交流及び共同学習を実施している。

　これらの取組を通して，持続可能な社会の創り手に必要な「コミュニケーションを行う力」「他者と協力する態度」「つながり・関わりを尊重する態度」を育み，一人一人の実態に応じて持続可能な社会づくりを目指す地域社会へ，参画できる力の育成を目指している。

（2）教材について

　「交流及び共同学習」とは，誰もが相互に人格と個性を尊重し合える共生社会の実現を目指し，障がいのある者と障がいのない者，地域社会の人たちとが，ふれあい，共に活動する機会を設けることで互いに理解し合い，豊かな人間形成を図ることである。「交流及び共同学習」は，児童生徒が他の学校の児童生徒と互いに理解を深める絶好の機会であり，同じ社会に生きる人間として多様性を認め，他者を正しく理解し共に助け合い，支え合って生きていくことの大切さを学ぶことができる。そこで，様々な他者と合同で行う活動や作品交流等を通して，視野を広げ，社会参画の意識と社会に関わる行動力を育むことができる。

（3）本実践で目指すＳＤＧｓ

　交流及び共同学習を通して，同じまちに生きる人間として，互いを正しく理解し共に助け合い，一人一人を大切にしたまちづくりに参画できる子供を育みたい。このような実践で，SDG11「住み続けられるまちづくりを」に貢献できると考える。

　障がいのある者とない者が相互に触れ合う体験を通して，自らの生き方を見つめ，共に幸せに生きていくためにはどうすればよいかを考え，支え合いつながる関係をつくっていこうとする子供を育みたい。このような実践で，SDG17「パートナーシ

ップで目標を達成しよう」に貢献できると考える。

（4）単元の指導計画

❶交流及び共同学習のポイント

　交流及び共同学習を通して，一緒に活動を楽しみ他校の児童生徒との理解を深め合い，仲良くなることや一人一人を大切にする気持ちを育み，多様な他者や身近なコミュニティに積極的に関わっていこうとする態度と行動する力を育てたい。そこで，障がいのある児童生徒も安心して参加できる内容を取り入れたり，互いのがんばりに触れ，認め合うことができる場面を設定したりする。また，自分なりに見通しを持って意欲的に行動できるように，指導の工夫を図る。

❷交流及び共同学習の目標

○多様な他者との交流や共同での活動を通して，つながる大切さや喜びを実感し，互いの理解を深めるとともに，目的に応じてコミュニケーションを図ることができる。（知識及び技能）
○交流の目的を達成するために，課題解決に向けて考えたり，目的意識や相手意識を持って自分の思いを伝えたりすることができる。　　　　　　　　（思考力，判断力，表現力等）
○交流する相手と一緒に考えたり活動したりすることを通して，多様な他者と意欲的に関わるとともに，課題解決に向けて協力して取り組もうとする。　（学びに向かう力，人間性等）

（5）学習活動の実際（特徴的な活動）

❶市内学校間で交流する

　小・中学部は，近隣の小・中学校の友達と七夕の笹に飾り付けをしたり，自分たちで企画したゲームをしたりして触れ合っている。

　初めての交流となる「七夕飾り交流」に向けて，何をすればいいか見通しがあると落ち着いて行動できる児童生徒が多いため，生活単元学習で自己紹介があることを知らせ，実際の場所で自己紹介の活動を行ったり，相手が読みやすいように工夫して作った名札を見

中学部の七夕飾り交流

せる活動をしたりした。緊張してうまく発表できない児童生徒も活動を重ねるごとに自分なりに伝えることができるようになった。交流当日，小・中学生の優しさに支えられながら自己紹介することができ，ほとんどの児童生徒が達成感を味わった。その後も楽しく一緒に活動して，仲良くなれた喜びと優しくしてもらった感謝の気持ちを持った。そこで，子供たちは，思いを込めて暑中見舞いを作成し，感謝の気持ちを伝えた。その後，小・中学生から一人一人にお礼

のメッセージカードが届き，つながりの深まりを感じるとともに，「今度は自分たちが小・中学生を喜ばせよう」と考えた。そこで，小学部では，先生と一緒に「遊ぼう交流」を計画し，ゲームの担当を決め，小学校の友達を楽しませようと進んで準備を行った。このように相手との関わりを重ねるごとにつながりの深まりを実感することができた。

　高等部は「音楽交流」として，高等専門学校の学生との合唱や演奏を通して，心を通い合わせながら活動した。生徒たちは，合同演奏において打ち合わせを綿密に行い，協力してよりよいものにしようと企画・運営したり，それぞれの合唱について称賛し合ったりして，お互いのよさを認めながら共に生活したり，支え合ったりすることのすばらしさを味わっていた。

❷国内学校間で交流する

　新潟県見附市立見附特別支援学校と互いの学校や学部，我がまちについて紹介するビデオレターや作品交流を行っている。自分たちのよさや可能性を認識するとともに，他校の児童生徒のがんばりやよさを感じ取り，多様な他者とつながる喜びを味うように活動を工夫している。

　見附特別支援学校の近くには日本海や信濃川があり，きれいな海や川に魚が泳いでいる作品が送られてきた。そこで，「私たちの学校を知ってもらいたい」という子供たちの願いを叶えるために，小学部では，教師と一緒にデザインについて話し合い，大牟田市に接する有明海がごみがなく，きれいな海になるように願いを込めて「ひまわりの海」を作成した。手形を様々な海の生き物に見立て，きれいな海を様々な種類の魚やタコ，クラゲが気持ちよさそうに泳いでいることを表現した。

小学部作成の「ひまわりの海」

　高等部は，大牟田が三池炭鉱の発展とともに歴史を積み重ねてきたまちであり，その歴史や文化的特徴，歴史にまつわる人々の想いを知ってもらおうと，世界文化遺産「宮原坑」の貼り絵を作成することにした。

高等部作成の「宮原坑」の貼り絵

思いを込めて貼り絵を作成できるように，宮原坑のボランティアガイドの方や絵画指導の先生から，大牟田や宮原坑の歴史や貼り絵作成のポイントについて学び，思いを込めた貼り絵を完成させた。

　この見附特別支援学校との交流を通して，交流相手のすばらしいところを見つけることができるとともに，自分たちの地域への理解を深め，よりよい地域にしたいという願いを高める契機となっている。

❸居住地校で交流する

特別支援学校の子供たちが居住する地域とのつながりを維持し，人間関係を広げ，地域社会の一員として生活していくために，居住する校区の学校で一緒に学び，相互理解を深める交流を年に３回程度実施している。この交流は，子供が居住する校区の学校においては，障がいに対する理解を図る上でも大きな意義を持ち，一人一人を大切にしたまちづくりにつながる。

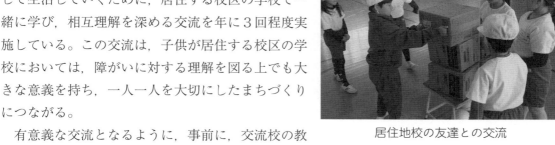
居住地校の友達との交流

有意義な交流となるように，事前に，交流校の教師と交流の目的と子供の特性等について，共通理解を図った上で実施している。そのため，子供たちは，お互いのことを理解し合おうと積極的に関わり，すぐに仲良くなっていった。また，同じ地域に居住するため，地域の行事や商店などで顔を合わせた際には，仲良く手を振り合っているようである。このような関係が継続することで，将来，地域の一員として，自分の役割を見出し，地域の方と積極的に関わり，よりよいまちづくりに貢献することにつながると考える。

❹地域で交流する

高等部は，作業学習で製作したものを商業施設（ゆめタウン大牟田店）で地域の方々へ販売している。高等部の各作業班が育てた新鮮な野菜や製作した木工製品，焼き物の皿，デコパージュ，布製品などを販売している。生徒たちは，「みんなが喜んでくれる作品をつくりたい」と思いを込めて制作し，販売当日はお揃いの法被を着て，積極的に呼び込み，販売，ビラ配り等を行い，地域の方々との交流を深めている。毎年，地域の方々からたくさんのお礼や励ましの言葉かけをいただき，生徒にとって，「人から感謝されること」「人から必要とされること」を数多く体験する機会となっており，働く意欲を培うことにつながっている。また，「地域の方の役に立つこと」「地域の方とつながること」を体験し，自己有用感を感じるとともに，さらに支え合っていこうとする気持ちを高め，自分から関わる姿が見られるようになった。

❺市民と交流する

本市では，交流教育地域推進事業の一環として「ふれあい共室」が実施されている。この共室は，小・中学生の障がいのある子供とない子供，ボランティアが１年に９回開催される季節に応じた芋掘りや夏祭り，野外での活動等を共にし，楽しく触れ合いながら交流を深めることが目的である。本校からも児童生徒，教職員が参加し，市民と貴重な交流を進めている。

12月の活動である「クリスマス会」では，グループに分かれてオリジナルのケーキやリース

を作成した。他の学校の友達や高校生のボランティアの方と一緒にケーキを作って，楽しく食べたり，折り紙の折り方をボランティアの方に教えていただきながら，かわいいリースを作ったりして楽しんだ。また，みんなで歌を歌ったりダンスをしたりして楽しんだ。多くの人や初めて出会う人と関わることが苦手な子供も楽しい活動と周囲の方の優しい言葉かけや行動のおかげでみんなの輪

「クリスマス会」をみんなで楽しんでいる様子

に入り存分に活動を楽しむことができた。子供たちは，回を重ねるにつれ，「これを一緒にやろう」「これはどうするの」と自分から話しかけたり，尋ねたりする等，自分から他の参加者に関わる姿が見られるようになった。このように，互いに理解を深め，地域社会で必要なコミュニケーション力を育み，つながりを実感する機会となった。

（6）児童生徒の変容

　本校の児童生徒は，交流及び共同学習を通して，相手を意識して計画したり行動したりできるようになってきた。学校間の交流では，交流する友達と一緒に楽しむことができるようなゲームの内容にしたり，道具を準備したりする姿が多く見られるようになった。製品を販売する地域との交流では，作業学習において，「買ってくれる人がもっと喜ぶような製品にしたい」とデザインを工夫したり作業を丁寧に行ったりするようになった。

　このように，国内の他の学校や初めて出会う他者との作品交流や製品の販売による交流を通して，つながっているという意識から相手のために自分ができることをしていこうとする社会性が育ってきている。また，活動を通して，社会参加に必要なコミュニケーション力を育み，つながりを大切にしようとする子供の姿が見られるようになった。

（7）さらなる実践の充実に向けて

　交流及び共同学習を重ねるごとに，「次はいつ会えるかな」「次はどんな作品を送ろうかな」等，交流できることを喜び，さらに相手とつながっていきたいという気持ちが強くなっている。今後も全教育活動を通して，相手を思いやる気持ち，協働してよりよいまちづくりをしていこうとする気持ちを高め，自分のできることを生かして進んで関わろうとする実践力を育成するとともに，多様な人々とつながり，社会を創る一員としての資質・能力を育んでいきたい。

ＥＳＤの図

【小学部】 自分のできること，がんばっていることを相手に伝えるとともに，同年代の児童や地域の人々のことを知り，触れ合うことができる。	【中学部】 同年代の生徒や地域の人々と一緒に課題を解決するために協力し，相手の気持ちを考えながら触れ合うことができる。	【高等部】 自分たちの交流の内容について企画・運営し，地域の様々な方とのふれあいを楽しみ，社会性や豊かな人間性を培うことができる。

【県外交流（県外特別支援学校）】
新潟県見附市市立見附特別支援学校との交流
（小学部・中学部・高等部）

自分たちの学校やまちについてビデオレターや作品を通して紹介し，互いのよさを感じ取るとともによりよくしていこうとする思いを高める。

【市内交流】
（小学校）
（中学校）
（高等学校等）

クリスマス会交流
（中学部）

七夕交流
（小学部・中学部）

一緒に飾りづくりをすることにより交流を深めるとともに，互いに協力し合うことのよさを味わう。

相手のことを考えながらプレゼントを作ったりレクリエーションの内容を考えたりしてふれあいを深める。

なかよし交流
（小学部）

自己紹介したり遊んだりして楽しむことによりお互いを理解し，親睦を深めようとする。

合同運動会
（小学部・中学部・高等部）

市内公立学校の特別支援学級児童生徒と一緒に日頃の体育の学習の成果を発揮する機会を通して，関わる楽しさを味わう。

有明工業高等専門学校との音楽交流（高等部）

近隣の工業高等専門学校の学生との合唱や演奏を通して，お互いのよさを認め，支え合っていくことのすばらしさを味わう。

【居住地交流（小学校・中学校）】

居住地交流
（小学部・中学部）

居住地の学校に通う同年代の友達との交流を通して，同じ地域に居住する一員としての自覚を互いに育み，地域でも関わりを持とうとする素地を培う。

学校間交流

大牟田特別支援学校のＥＳＤ「つながり」「かかわり」

地域交流

市民との交流

作業学習から販売活動（高等部）

相手を意識した作業学習での栽培・制作活動を行い，販売活動での関わりを通した地域への貢献意識を培う。

凧づくり
（中学部）

地域の高齢の方々から凧の作り方や凧の上げ方を教えてもらい，それを他の人に伝え，学びを深める。

餅つき交流
（小学部・中学部・高等部）

地域の方々から餅のつき方やついた餅の丸め方を教えてもらい，多くの人とのふれあいによるつながりの温かさを味わう。

ふれあい夏祭り

ふれあい共室
（小学部・中学部・高等部）

障がいのある子供と障がいのない子供，地域のボランティアの方が世代を超えたふれあいの場として一緒にいろいろな活動を行う。

ふれあい芋掘り

ふれあいお正月お楽しみ会

ふれあいクリスマス会

【編著者紹介】

及川　幸彦（おいかわ　ゆきひこ）

東京大学大学院教育学研究科附属海洋教育センター主幹研究員。
日本ユネスコ協会連盟理事。地球環境学博士（京都大学）。
2002年から気仙沼市を中心に学校教育や教育行政でESDを推
進し、ユネスコスクールの普及や国連大学RCEの設立に貢献
する。2011年の東日本大震災の際には、被災地の学校及び教育
委員会の管理職として学校の危機対応や教育復興に尽力する。
一方、日本ユネスコ国内委員会委員、持続可能な開発のための
教育円卓会議議長、ESD活動支援センター企画運営委員長等
を歴任し、国レベルでのESDの推進施策に携わる。主な著作
に、『Education for Sustainable Development and Disaster
Risk Reduction』（Springer, 編集）、『環境教育政策の知恵袋』
（みくに出版, 共著）、『ESDの地域創生力』（合同出版, 共著）
等

【著者紹介】

大牟田市SDGs・ESD推進委員会
（おおむたしSDGs・ESDすいしんいいんかい）

　持続可能な社会づくりを目指し、SDGs・ESDを推進する大
牟田市内の小学校・中学校・特別支援学校の校長・教頭や大牟
田市教育委員会事務局のメンバーによる委員会。本書は、大牟
田市がESDに取り組み始めて10年となることを記念して、こ
れまでの学校や教育委員会を中心とした本市のSDGs・ESDの
実践について委員が協力して執筆した。

事務局：大牟田市教育委員会指導室
　　　　TEL　0944-41-2861
　　　　〒836-8666　福岡県大牟田市有明町2-3
　　　　（事務局長：小宮武士　大牟田市教育委員会指導室長）

理論と実践でわかる！SDGs／ESD
―持続可能な社会を目指すユネスコスクールの取組

2021年4月初版第1刷刊	編著者	及　川　幸　彦 ©
	著　者	大牟田市SDGs・ESD推進委員会
	発行者	藤　原　光　政
	発行所	明治図書出版株式会社

http://www.meijitosho.co.jp
（企画）木山麻衣子（校正）有海有理
〒114-0023　東京都北区滝野川7-46-1
振替00160-5-151318　電話03(5907)6702
ご注文窓口　電話03(5907)6668

＊検印省略　　　　　組版所　株式会社木元省美堂

Printed in Japan　　　　　ISBN978-4-18-377117-9
もれなくクーポンがもらえる！読者アンケートはこちらから　→